# リグ・ヴェーダの智慧

## ●アニミズムの深化のために

山尾三省

リグ・ヴェーダの智慧——目　次

## 第一章

## 第二章

## 第三章

## 第四章

## 第五章

# 第一章

# 自然神達の息吹

㈠

暮れもおしつまった一二月二六日の朝、お茶を飲みながらひとつの興味深い発見、気づきがあった。居間には、「御佛は大地におわす八重ざくら」という讃句のある観音様の絵が飾ってあって、その前にムラサキシキブの濃い紫色の実の一枝が活けてあった。観音様の絵図は、五年ほど前に広島の友人からいただいて以来ずっとそこに掛けてあり、花活けの小壷には四季それぞれの野の花を気ままに挿して、ささやかな飾りとしてきた。形からすれば、なにげないものとはいえ、そこに観音様を祀りその前に花を捧げ活けてきたわけである。

ところがその朝、お茶を飲みながら眺めていると、折から朝の陽が輝かしく差し込んで、ムラサキシキブの実をひときわ美しくしたことにもよろうが、その実と観音様の対比は、捧げ捧げられる関係ではなくて、相互にそれでありながら照らし合い、融け合ってもいるもの、もう少し極端にいえば観音様が合掌してムラサキシキブを礼拝している図、のようにさえも感じられたのである。

「ああそうだ。そうだったのか」

と、私は自分で自分に深くうなづいた。

礼拝することと礼拝されることは元より対極関係のものではないから（祈りはひとつであるから）、観音様が野の木の実に合掌している姿を私が発見し、それに気づいて喜んだということではない。一瞬に見えたのは、ムラサキシキブがそのまま観音様なのであり、それを観音と呼ぼうとムラサキシキブと呼ぼうと、その実質にはなにも変わるものはない、という気づきであり、発見であった。

私はこれまで、観音様、あるいは観音性というものに特別のきづなを感じ、それを礼拝することにおいて最もそれと親密につながってきたのであるが、それと同じことがムラサキシキブとの関係においても実現したと言えなくもない。ムラサキシキブに観音様を感じた時に、私はムラサキシキブをすでに礼拝していたと思う。

㈡

これからリグ・ヴェーダの散策に入ることになる。ウパニシャッドは、ウパニシャッド哲学とも呼び得るように、哲学的な探究が主題をなしているものであるが、リグ・ヴェーダは、リグ・ヴェーダ讃歌の名で知られているとおり、思索したり探究したり行《ぎょう》をするのではなくて、ただひたすらに神々を讃えることを、主題としている。最古のウパニシャッドの出現が紀元前七〜八世紀頃とされるのに対し、リグ・ヴェーダの出現は紀元前一三世紀前後とされており、これは数ある古代インドの文献の内でも最古のものである。従ってこれは、哲学的な思索が現われる以前の素朴な自然神讃歌集であり、言葉に記録された最初のアニミズム文献であると見なすことができる。

哲学以前の素朴なアニミズム集と見なすことは、少しもリグ・ヴェーダの世界を軽く見ることではない。アニミズムを、現代世界の大病を癒す根源思想のひとつと見る私にとっては、それは哲学以上に重要な宗教的関心事であり、哲学と並んで重要な宗教的関心事でもある。

私がこれから散策していくテキストは、辻直四郎先生の訳になる『リグ・ヴェーダ讃歌』(岩波文庫)であるが、その「まえがき」には、

「およそ西紀前一五〇〇年ごろを中心としてインドの西北部パンジャーブへ侵入し、次第に東方に向かって領土を拡めたアリアン人が最初に残した文化的遺産こそリグ・ヴェーダである。」

と記されていて、その発生の背景を大まかに知ることができる。それは実は文字で記された民俗そのものであり(リグ・ヴェーダそのものは口承で伝えられたのだが)、しかも宗教的な民俗である点で、私の興味は生の最も深い場からのそれとして盛り上がってくる。

(三)

リグ・ヴェーダ讃歌集の主題に即していうならば、一二月二六日の朝、私がムラサキシキブの濃い紫色の実にむしろ観音様を見たということが、その主題であるアニミズムに相当する。

観音様とアニミズム(自然の万物神信仰)の内どちらが早く人類にもたらされたかといえば、当然それはアニミズムであった。それゆえに、つい最近までの宗教史はアニミズムを宗教の原初形態とし、その内に次第に高度な多神教や一神教が確立されてきたと見たのだけれど、今ではそのような進歩史観の立場は学説としても過去のものになりつつある。

現代においても私達の内に宿っている、美しいものを感じる感性、真なるものを真として受け取る霊性、善いものを善として受ける理性は、一神教を受け入れつつも多神教を排するものではないし、汎神教を受け入れつつも一神教を排するものではない。宗教が、生の真《まこと》と実《すがた》において、限りなく多様で限りなくひとつであるような根源性においてとらえられる時が、今新しく始まっているのだと思う。

一二月八日に母が逝き、葬儀の後、母の部屋で母の遺骨と共に、母の濃い紫色の毛布と布団に眠ったことから、私の内に「紫色」という色に対する感覚が鋭くなった。思い起こしてゆくと、紫色は観世音菩薩の体色ということになっていて、表現を替えればそれは、観音性という世界のひとつの性質は紫という色において表現される、ということであった。さらに表現を詰めれば、紫色として現われているものは、朝の雲であれ夕べの雲であれ、ムラサキシキブの実であれ風呂敷であれ、スカーフであれ座布団であれ、おのずから観音様そのものであり、また観音様を指し示してもいる、ということなのであった。

リグ・ヴェーダにおいてはムラサキシキブや座布団への讃歌は見られないが、これからしばらくリグ・ヴェーダ讃歌の世界を散策しようと思うのは、そういう自然神達の息吹を太古にさかのぼって自分の内にさらに確かめておかねばならぬ、と感じるからである。

# 暁紅の女神ウシャス

㈠

アニミズムというものを、過去の宗教形態のひとつ、あるいは原初の宗教形態と見なすのではなくて、現代をきり開く思想として感受し、アニミズムによってこの希望のない世界を変革して行こうとさえ考えておられる岩田慶治先生は、最近のある談話の中で次のように語っておられる。

「アニミズムとは、自然界の万物のなかにカミを体験することだといえます。すなわち、山河大地、虫木草魚にカミを見る。そこでは森羅万象、すべてのものが根っこでつながっている。」

文化人類学者として『草木虫魚の人類学』『カミと神』『道元の見た宇宙』などの著作を持つ先生のお仕事にはこれからますます期待がかかるところであり、ここでは、「アニミズムとは自然界の万物のなかにカミを体験することである」という先生の言葉を、そのままアニミズムを説明する定義として使わせていただく。先生はまた次のようにも語る。

「一人の人間の死によって宇宙全体も一緒に死ぬ。そして翌日、宇宙は蘇り、何ごともなかったかのようにまた時は流れていく、とでもいうのでしょうか。それは本当かと問われると、ちょっと困るけれど、少なくとも人間は決して〝切り花〟ではありません。他の諸々の存在と根っこを共有しており、同じ世界で一緒に生きている。そのことはつねに意識する必要があると思いますね。」

一人の人間の死によって宇宙全体も一緒に死ぬ、とは一見過激な思想であるが、その心情にはそれほどまでに世界を愛し、世界と溶け合っているアニミズムの立場がうかがえ、私などは、まさにそのとおり！　と心から手を拍ってしまう。

㈡

「生あるものはすべて、彼女を眺めて身を屈《かが》めつ。美しき女神は光明を創造す。寛裕なる天の娘は、輝きもて敵意を、ウシャスは輝きもて災厄を遠ざけんことを。」

「ウシャスよ、金色《こんじき》の光もて来たり照らせ、天の娘よ、多くの幸福をわれらにもたらしつつ、今朝の祭祀において輝き渡りて。」

「実に一切のものの呼吸と生命とは、汝《な》が中にあり、汝《な》れが輝き渡るとき、美しき女神よ。かかる汝《なんじ》は、高き車に乗りて、輝く女神よ、われらが呼びかけを聞け、めざましき恩恵に富む女神よ。」

「援護を求め、支援を求めて、汝《な》れを呼びたる太古の聖仙たち、偉大なる女神よ、彼らになせるごとく今また汝《な》れは、われらの讃誦《さんじゅ》を嘉納せよ、恵与の心もて、ウシャスよ、明らけき光輝もて。」

「ウシャスよ、汝《な》れが今日光輝もて天の扉を開くとき、狼(外敵)より守る、広大なる保護を、われらに与えよ、女神よ、牝牛に富む享楽を。」

辻直四郎訳の『リグ・ヴェーダ讃歌』(岩波文庫)において最初に呼び讃えられるのは、暁紅《ぎょうこう》の女神としてのウシャスである。ウシャスは、太陽が昇ってくるのに先だって明けてくる曙《あけぼの》の光であり、その紅色の輝きである。

ウシャスの語源は、ラテン語のアウローラと同じく「輝く」という意味に語根を持っているということで、うら若い美女であり、赤い馬または牛の引く車に乗ってくるという。天の娘であり、夜の女神の姉妹という位置づけが、リグ・ヴェーダにおいてはなされている。

㈢

一九七四年の元旦、今からちょうど二〇年前の初日の出を、私はインドのビハール州、霊鷲山《りょうじゅせん》第二峰の頂上で迎えた。第一峰は法華経の説かれた山であるが、二峰に比べるとずっと低い山である。

十数人の日本山妙法寺の僧達に同行させてもらって、うちわ太鼓を撃ち高《う》らかに南無妙法蓮華経を唱える撃鼓唱題《げきくしょうだい》をしながら、その年の初日の出を待った。

二〇年も前のことだから細かなことはもう覚えていないが、ウシャスという呼び名を聞くと、あの時あの山の上で迎えた夜明けの風景においては、日の出そのものもさることながら、たしかに暁紅の女神としてのそのウシャスが厳然として在ったことを思い出す。

法華経という法界《ほっかい》に立って見れば、暁紅もそれに次ぐ日の出も法華法界《ほっけほっかい》内の出来事なのであろうが、眼前眼下に広がる山頂からの眺めにおいては、撃鼓唱題をしつつその夜明けの風景に包まれている、という感覚の方が圧倒的で、撃鼓唱題する私をそのままウシャスが迎えてくれているのであった。つまり、その時の私の法華経はウシャスまで包みこむことはできず、逆にウシャスに包まれウシャスに迎えられてお勤めをしているということが実感であった。

法華経と、古いヒンドゥ民族の女神とを比べて、古いヒンドゥ民族の女神の方に力があったということを言いたいのではない。法華法界に立って眺めれば、ウシャスもそれに次いで昇ってきた真紅の初日も法華法界の風景そのものなのであり、どちらにより力があるとかリアリティがあるとかということではない。

私はその時、たまたま縁があって撃鼓唱題しつつ霊鷲山でウシャスに出会ったのであるが、そういうことは一切なしでも元日の夜明けに、初日の出を見るために日本各地の山や海岸に詣で、その地でウシャスを見た人達が何万人となくあったであろうと思う。元日の夜明けに限らなくても、日々の夜明けをウシャスとして迎える人は、少なくないほどには今の日本にもおられるだろう。

朝のおそい私には日常のウシャスを語る資格がないが、この世界には〈夜明けの暁紅という女神〉が在ることは確かなことで、二〇年前に霊鷲山で出会ったその荘厳な風景を、今も私は忘れることができない。

# 夜の暗黒を失った時代

㈠

解放という言葉の光は、私の内にあり外にあってこれまでの私の生をたえず導いてきた光のひとつであった。

その光は、年を重ねるにつれて次第に解放というよりは解脱、解脱というよりは帰依、帰依というよりは融合というように変化してきてはいるが、それが解放であることには変わりはない。

一九六〇年代の後半か七〇年代のはじめ頃に、ひとりの友達が酒を飲むと必ずといってよいほど歌う歌があった。歌った歌手の名前も思い出せないし、歌詞もおぼろになってしまったが、たしか次のようなものだったと思う。

夜がきたとて　夜中が過ぎりゃ
やがて夜明けさ　朝がくる
今のおいらは　どこいらだろう
朝がくるのはいつだろう

あまり流行った歌ではなく、一部の絶望的な情況にあった反体制的な人々の間で歌われたものであるが、西田佐知子の「あかしやの雨」などとともに、折に触れて悲しく思い出されてくるのである。今のおいらはどこいらだろう、朝がくるのはいつだろう、と、激しく首を振りながら歌うその友達と一緒にいると、こちらも決して明けそうにない夜の中にいるのだということが実感されてくるのだった。多かれ少なかれ私達は、自民党政権の確立と高度経済成長という真夜中の時代の中で、求めた解放の光が閉ざされてゆくのを感じていたのだった。

## (二)

リグ・ヴェーダ讃歌は、夜明けの女神ウシャスを讃えて歌う(祈る)。

「ここにかの繰り返したち返る光明は、暗黒より離れ、東方に現われたり、万物を分明に区別しつつ。今や、輝かしき天の娘ウシャスらは、人間に道を開かんことを。」

「まばゆきウシャスらは、東方に現われたり、祭儀において立てられたる柱のごとくに。ウシャスらは輝きつつ暗黒の囲みの扉を開けり、清く輝き、清めつつ。」

「その進路は光まばゆく、高大なる天則に従いて天則を持し、その息吹は赤味さし、輝きわたり、太陽を運び来たる女神ウシャスに向かいて、霊感ある者たち(詩人)は詩想をもちて目を覚ます。」

㈢

夜明けを神と讃えることは、その前提に夜の闇ということがあって、はじめて引き起こされることである。

最近の私は七時前後の起床で、それでも早起きしているつもりだが、その時刻には夜はもうすっかり明けていて、夜明けとはほど遠い。

一九六〇年代の後半、三〇歳になったかならぬかの年齢の頃に、私は生まれて初めて東京から九州の鹿児島まで、一人でヒッチハイクの旅をした。国道一号線で京都まで行き、京都からは山陰線沿いの国道九号線に入った。

何という町であったか今はもう思い出せないが、夜更けに米子市近くで車を降ろされて疲れはてていた私は、次の車に手を上げる気力を失って、国道沿いの材木置場に野宿をすることにした。寝袋にくるまって眠ろうとしたが、見ず知らずの町の見ず知らずの場所で野宿をするのはその時が初めてだったので、神経がたって眠ることができなかった。

時々通過する車のヘッドライトとテールランプの光のほかは暗闇の中で、車の音とは別に、夜にはじつに多様な不安の物音があるのを聞いた。何かが落ちるような音、何かがこすれるような音、何かが近づいてくるような音の様々が暗闇の中には満ちていて、轟音とともにヘッドライトの明かりが近づいてくると、それにほっと息をつくのだった。

自分の生きる方向を、自分の内外《うちそと》なる解放の光に導かれて、ヒッチハイクという現実において旅立った旅だったのだが、その野宿第一夜の夜は、惨たんたる不安と疑心暗鬼の一夜であった。不安のままに覚えたての般若心経を繰り返し唱えつつ、眠りと夜明けを待ったがいつまでたっても眠りは訪れず、夜明けも訪れては来なかった。

そんなことならいっそ寝袋をたたんで、もう一度国道に立とうかと何度も体を起こしかけたが、その夜はそこで疑心暗鬼と不安にむき合ったまま過ごすことが、私に与えられた責務であると思われて、結局夜が明けるまでそこにそのまま体を横たえていた。

やがて夜の底が白んできた時、ただそれだけのことで私の内から不安と疑心暗鬼とは消えてゆき、神経も体もすっと軽くなった。三分か四分、もしかしたら一〇分くらいは夜が明けてくるのを見ていたと思うが、安心とともに眠りも訪れてきて、そのままぐっすり眠った。

一時間ほどしてはっと眼ざめた時にはもう世界は朝で、夜の不安はそこにはすでに跡形もなかった。その時の私はむろんそうとは気づいていなかったのだが、今ウシャスとつぶやいてみる時、その夜明けの最初の白さの内に私が感じたものは、まさしく女神そのものであった。そのひと触れで、そのようにも深く安心を与えてくれた神は、それまでの私の人生にはなかったとさえ思われる。

私達の時代は、夜の暗黒を失った時代であるから、夜明けも失っている。夜型人間の年月が長かった私などにはその時代性を批判する資格はないが、「ウシャスらは輝きつつ暗黒の囲みの扉を開けり、清く輝き、清めつつ」というような高らかな讃歌を聞くと、これまでの生活型では解放は決して実現しないと知る。ウシャスを自覚することにおいて、ウシャスを迎える生活の型を作っていきたいと願うのである。

# 夜の女神ラートリー

㈠

三月二七日の夜は、月一回開かれる私達の小集落の寄合の日であった。

私達の集落は、屋久島の北のはずれに位置する大字一湊に含まれてはいるが、そこから四キロばかり山の中に入って独立しており、一世帯を除いてはすべて島外から移住してきた世帯ばかりなので、月に一度日を決めて寄り合い、行政からの連絡事項や集落内の大小様々な問題を話し合うことにしている。いつのまにか、一四世帯五〇人を越す小集落になってしまったので、特別に話し合う事項のない月もあるが、話し合わねばならぬことが三つも四つもある月も多い。

寄合は夜八時からと決まっていて、各々マキ一本を持って、公民館と呼んでいる木造のあばら家に集まる。持ち寄ったマキでいろりに火を焚き、暖をとると同時に、話し合いが終わってから一杯飲む焼酎の湯をわかすのである。

私もマキを一本ぶらさげて、公民館へと家を出たのだが、その時ちょうど満月が東の山の端を離れたばかりで、いきなりぶつかるように、その月に出遇ってしまった。

それは、すごいと表現するほかはない、ものすごい月であった。これまで何千夜も白川山《しらこやま》の月を眺め、何百夜も満月の夜を過ごしてきたが、そのように深い黄金色の、きっかりと恐ろしいほどに澄んだ満月を見たことは、かつてなかった。

あまり美しすぎて、すごすぎて、一瞬不吉な感じが疾《はし》ったほどであった。私は持っていたマキを放り出すと、そのまま両掌を合わせて、月の真言を三度唱えた。そしてまた月を眺めると、月はますます黄金色に澄み、不吉どころかとてつもない幸福そのものとして、ひとつの覚悟のようなものとして、そこにあった。

## (二)

辻直四郎訳の『リグ・ヴェーダ讃歌』で二番目に出てくるのは、夜の女神ラートリーである。ラートリーは、暁紅の女神ウシャスと同じく天の娘とされており、ウシャスの姉の位置が与えられている。夜の女神としてのラートリーは、一切の生きものに安息をもたらすものであると同時に、夜中の安全を保つのである。

「女神ラートリーは近づきつつ、その眼《まなこ》(星)もていたるところをうち眺めつ。女神はあらゆる美を身につけたり。」

「女神は今日、われらのためにあれ。汝《なんじ》の到来により、われらは家に帰れり。あたかも鳥が木の巣に帰るごとくに。」

「村人は家に帰れり。足あるものも、翼あるものも帰れり。はたまた餌《え》を貪る鷙すらも。」
「牝《めす》の狼を遠ざけよ、牡《おす》の狼を。盗人を遠ざけよ、夜の女神よ。しかしてわれらのために、夜を越え易かれ。」

夜の女神への讃歌は、暁の女神への讃歌に比べると二〇分の一ほどにも少ないのだが、それは死神と同じく夜というものが、本来善いものであるべき神になりにくい、という性質によるものだと思う。けれども、全リグ・ヴェーダ中わずか一篇だけであるとはいえ、夜が女神としてとらえられ、讃歌されてあることを私は喜ぶ。

現代人の悪癖のひとつであるかもしれないが、暁紅に親しむよりも夜に親しむことが深い私としては、夜が女神であることに我が意を得た感を持つからである。

四国在住で、もうとうに八〇歳を越えられた仏教詩人の坂村真民さんは、以前は夜八時頃に床につき、朝の三時には起きて瞑想しつつ夜明けを迎えていたそうだが、最近は夕方四時には床につき、夜中の一二時には起き出して、夜と夜から夜明けへとつづく時の深みを楽しまれるそうである。

それは、夕暮れという貴重な時を眠りに過ごす点でもったいないが、深夜から夜明け、夜明けから朝昼とつづく、一日の内の最も善い時間を、自覚して味わうひとつの知恵深い暮らし方とも感じられる。

（三）

三月二七日の夜、話し合いを終えて公民館を出ると、月は前ほどに鮮烈ではなかったが、やはりすごいと感じてしまう黄金色を保ったままで、森の上にあった。

坂村真民さんとは反対に、私は大体一二時頃に床に着く。疲れた日には一一時頃である。眠る前に太いローソクに火をつけ、一〇分か二〇分その明かりで仏教書などを読む。そうすると大体安らかに眠くなってくるので、ローソクの火を消して眠る。

けれどもその夜は、ローソクの火を消して眼を閉じると、まぶたの上が電燈をつけた時のように明るかった。妻が電燈をつけたのかと思って眼を開いて見ると、そうではなくてカーテン越しに月の明かりが、寝室全体をぼっと明るく照らしているのだった。窓際にポンカンの木があり、月光はその葉むらから差し込んでくるのだが、カーテンにはその葉むらの影が映っている。

カーテンを透かす月の光と、カーテンに映る葉影の趣があまりにも優しいので、眠気を覚まされた私は、しばらくはその濃い影と淡い光とを眺めていた。妻を起こして、その夜の女神の趣を見せてあげたかったが、生まれて一カ月半の赤ちゃんが眠っている傍で妻もやはりぐっすりと眠っていた。

妻にとって今は、一刻でも深い眠りを与えてくれることが、夜の女神の恵みなのであった。

私は今しばらくひとりで満月の夜を味わい、それから胸の中で月の真言を三度唱えて、惜しみながらも眠りに就いた。

# 太陽神スーリア

㈠

古代エジプト王朝やマヤ王朝にあっては、太陽がそのまま大神として祀られていたことを私達は知っているが、昨今の日常生活において私達が太陽を神と感じることは稀である。

私達の伝統においても、天照大神という人格神があり、「お天道様《てんと》」という呼び慣わしもあって、太陽を神とすることが無縁ではないはずであるが、日常生活においてそれを神あるいはカミとして感受することは少ない。

五月一日の晴れわたった空の下に立って眺めると、野も山も噴き出してきたいちめんの新緑におおわれてたとえようもなく美しく、全方位において充実しきっていることが感じられる。正確にいえば、今はまだ世界は完全に充実しきっているのではなく、これからやがて充実しきろうとしている処なのだが、それだからこそ逆に今が、充実しきった世界として現前しているのでもある。頂点に達した新緑は、すでにその内に暗さが始まっていて、完全な充実とは呼び難い。

わずか二週間前、まだ奥山に山桜の花が咲き残っていたことを思えば、この新緑の勢いはまるで夢のようですらある。山桜とこの新緑の間にどれほど太陽の位置が変わったのか定かではないが、太陽の位置がわずかに変わってこの新緑が噴き出した。太陽が、この全方位のぎっしり詰まった新緑を私達の生命同様に生み出したのである。

## (二)

リグ・ヴェーダ讃歌においては、太陽は太陽神スーリアとして登場してくるが、暁紅の女神ウシャスが独立讃歌を二〇篇も持っているのに対して、独立讃歌を五篇ないし六篇しか持たず、圧倒的な力を持つ神としては認められていない。古代エジプトやマヤ民族において絶対神とされた同じ太陽が、なぜ古代ヒンドゥ民族においては八百万《やおよろず》の神々のひとつとしかなりえなかったのか分からないが、本来あまりにも強力で、根源的な太陽という神を敢えて主神の位置におかず、数多くの神々の内のひとつとしてとらえたことは、それもまた神の大いなる働きのひとつであったのかもしれない。


「神族に面し、人類に面して汝《なんじ》は昇る。一切に面して、それらが汝を見んがために。」

「スーリアは眼《まなこ》なり。それをもて清澄なる神ヴァルナ（水神）よ、汝が人間のあいだに活動する者（敬虔な者）を見るところの。」

「汝スーリアは天界を横切り進む。広き空界を、夜によって日を測り、人間の世代を見つつ、スーリアよ。」

「スーリアは、若人が若き女子のあと追うごとく、輝く女神ウシャスのあとに従う。敬虔なる人々が、幸福を求めて、幸福をもたらす神スーリアのために、馬車に軛《くびき》をつけるとき。」

「幸福をもたらすスーリアの栗毛の駒は、多彩に輝き、駿足にして、歓呼をもって迎えられ、恭《うやうや》しく天の背に登れり。彼らは一日の中に天地を馳せめぐる。」

これらの讃歌の内で特徴的なのは、スーリアが水神ヴァルナの眼とされていることである。別の讃歌では、火神アグニの眼ともされている。時代がくだってウパニシャッドになると、太陽の内に住む神人プルシャと人間の右眼の内に住む神人プルシャとは同じ神人である、という思想が定着してくるが、リグ・ヴェーダにおいてすでに太陽は、眼という神、見る神の位置を明確に与えられている。

水神ヴァルナは、この時代にあっては地上の水、川や海であるよりも天上の水、雲をもたらし雨をもたらす天奥の水であったようで、太陽はその水神の眼《まなこ》であった。眼《まなこ》が輝く時は乾期、隠される時には雨期であったのだと思う。砂漠、あるいは半砂漠地帯をわたって移動侵入してきたアーリア人達にとって、アジアモンスーン地帯に含まれるヒンドゥスタンの太陽は、ただ焼きつづけるだけの太陽ではなく、雨を含み雨をもたらす豊かな太陽であったのだと思う。水神ヴァルナの眼《まなこ》という位置づけには、砂漠気候にあっては想像することもできない、アジアモンスーン地帯の豊穣性がうかがわれる。

㈢

「見る」ということは、神を見るまで連続して止まない、人間の究極の願望のひとつであると思う。見ることの究極は、神を見ることである。ウパニシャッドの、人の右眼に住む神人プルシャと、太陽の内に住む神人プルシャとは同一のプルシャである、という思想の内には、「見る」ことにおいての原初的かつ普遍的な、究極の真実が秘められている。

眼《め》に見えぬ世界は別として、眼に見える世界にあっては、太陽は最初で最後の、つまり究極の眼《まなこ》なのではないだろうか。人の眼は、太陽という眼《まなこ》を見ることにおいて、見ることの終わりに到るのではないだろうか。

現在でもインドでは、ヨーガの行のひとつとして、一本足で立ち、太陽を見つづけるという行があるそうである。そういう行の伝説が続いているということは、太陽を見る、見ることにおいて太陽と合一することが、イカルスのように焼け死ぬばかりではなくて、行として可能であり有効であることを明らかに示している。

けれども、今の私にはイカルスの情熱がないばかりでなく、一本足で立ち尽くして太陽を凝視《みつ》めるほどの生の熱狂がない。それでは太陽はただの存在物かと問えば、そんなことは有り得ない。全方位を新緑におおわれた谷間の地にあって、心静かに太陽を仰げば、太陽はそこに全身をあらわにした大神にほかならない。

毎日というわけではなく定期的というわけでもないが、朝、美しい太陽が立ち昇ってくるのに出遇うと、私は両掌をコップ型に合わせて、その中に太陽を入れ、それをまるごと飲ませて戴く。見尽くすことはかなわないので、せめてそのようにして太陽という幸福を戴くのである。

# 自然現象という叡知

㈠

島の奥岳地帯にある太忠岳《たちゅうだけ》という山に、以前から一度は行ってみたいと思っていた。太忠岳は、標高こそ一四九七メートルと高くはないが、頂上が塔のようにそそり立っている山で、しかもその塔は一個の花崗岩の巨岩である。

お天気の良い日であれば、島の東部海岸地帯の県道からも、天に向けてそそり立つその白い岩頂を望見することができる。その姿がわずかに前屈しているので、私は以前からそれを観音像と見なし、直線距離にして一〇キロは離れている県道からしてくっきりと見遙かせる巨岩であるから、登ってすぐ傍《そば》から仰ぐなら、岩の持つ神秘力と観音性が相俟《あいま》って、きっと貴重な体験をもたらしてくれるだろうと考えていた。

東京・杉並区の永福町に本應寺《ほんのうじ》というお寺があり、そのお寺が今年の四月から「本應寺ヒーリングハウス」という活動を始めることになって、住職の佐々木上人を始めとする一六人のメンバーの人達が五月に来島することになった。このヒーリング活動には私もいささかかかわっているので、ちょうどよい機会と思い、あらかじめ縄文杉ではなくて太忠岳に登りたい人を募って、私も初めてその山に登ることになった。

深い念佛者である佐々木上人も私の方へ同行してくださることになり、太忠岳組は四人で山登りすることになった。往復約八時間の山行と予定して、観光地であり登山口でもある屋久杉ランドの森を通って、ゆっくりと全くひと気のない太忠岳の深い森へと入って行った。

森は昨年の大台風が残した倒木があちこちに見られたが、モミとツガの巨木が見事で、登山の苦労を少しも感じさせないほどであった。

## (二)

リグ・ヴェーダの「リグ」は讃歌を意味し、「ヴェーダ」は知識を意味する。

だが、この場合の知識は根本知の意味であり、ヒンドゥの人達がヴェーダと呼ぶ時には、民族に伝承された最も深い根本の叡知を、その言葉の中に含んでいるのを感じる。

リグ・ヴェーダとして讃えられているその叡知の内容は何かといえば、その多くは自然現象そのものである。自然現象を知ることそのことが叡知であるという確信は、それが編まれてから三〇〇〇年を経た現在も、なお生き生きと私をとらえる。

私がアニミズムとしてリグ・ヴェーダをとらえ、アニミズムをほかならぬ現代思想の核としてとらえるのは、それが自然現象の普遍の知にほかならないからである。自然現象の知がそのまま人間というものの究極知に重なる処に、アニミズムの時代と地域を越えた普遍性がある。

かつてウパニシャッドの森を散策したのもそうであったが、ようやくリグ・ヴェーダの森にたどりついて、そこを散策しはじめたのは、もとより文献を探るためではない。私という自然現象、人類という自然現象の行き着く先、あるいは帰るべき処を探り当てたいからにほかならない。

リグ・ヴェーダに登場するサヴィトリという神は、スーリアと同じ太陽神である。スーリアが具体物としての太陽を指しているのに対し、サヴィトリは太陽の激励する、エネルギーを指しており、その讃歌はサヴィトリ讃歌（ガヤトリー讃歌ともいう）として、現代のヒンドゥ家庭や寺院においてさえ朝夕に唱えられている。三〇〇〇年の間、絶えることなくサヴィトリ讃歌が唱えられつづけてきたのは、それが変わることのない太陽の激励する性質への讃歌であったからだと思うし、そのことは太陽系が安定している限り、ヒンドゥ社会が存続する限りは変わらないだろうと思う。

そしてまた、素朴に太陽を讃歌することは、単にヒンドゥ社会のみならず、太陽系の始まりから終わりまでのすべての生命にとっての根本叡知であるだろう。

㈢

太陽はまだ中天にあった。

森を味わいながら、途中でお弁当を食べたりしながらゆっくり登って行ったので、私達が太忠岳の頂上に着いたのは午後二時半頃であった。急にシャクナゲが多くなったかん木帯をくぐり脱けてゆくと、いきなり眼の前に真っ青に澄んだ空がひらけ、その空に、白銀色に輝く巨岩がそそり立っていた。ゆるやかな円錐形の全面に太陽の光を浴びて、白銀の岩肌からは光の粒子が陽炎のように燃えたっていた。

おおッ、という声にならぬ声をあげて私達は、ひと休みすることもなくそのまま佐々木上人の先導でまず般若心経に入った。普通お経は眼を閉じて唱えるのだが、この時は眼を深く見開いたまま、般若心経というもうひとつの叡知をもって、その白い巨岩と青空の深さに見入った。

次には十念の南無阿弥陀佛を唱えた。十念の念佛は、二十念になっても三十念になっても、五十念になってもかまわないので、心ゆくまで、唱え切れるまでの気持で、持参した鐘を打ちつつゆっくりと唱えた。

時がきてお念佛が終わった時に、私の胸にはここそが浄土だという思いがあった。真昼の浄土。太陽の光が金粉となって降りそそぐ真昼の阿弥陀浄土。

佐々木上人を始め、同行した二人の女性も思いは同じだったようで、私達は共々に讃嘆の息をとめどなく洩らした。

島田さんという女性は、「新体道」という呼吸体技の心得があり、次には彼女の先導で「あ・お・う・い・え」の五音を発しつつ体と腕で呼吸をする新体道の基本形を実修した。青空の奥の奥まで両腕と意識をのばし、それと同時に「あ──」と声を放つその基本形は、体の動きを伴っているだけに、お念佛とはまた異なった宇宙的な爽快感をもたらしてくれるのであった。

さらにつけ加えるならば、それまでの登山道でどんなに注意して探しても見つからなかったシャクナゲの花が、その頂上の繁みには二輪、ぽっかりと夢のように咲いていた。

# 光明という神サヴィトリ

㈠

六月二四日の午後のことである。

それまでの二週間ほど、時には強く時には小降りになって、一日も休まずに降りつづいていた雨が急に止んで、空がぐんぐん明るくなってきた。

人の心理は慣らされるという智慧を持っているようで、わずか二週間といえども雨が降りつづくと、もう晴れる日がくるという期待を持たなくなってしまっていて、私は不思議なものでも見るように、雲の切れ間からのぞきだした青空を眺めた。

どの道その青空はすぐ閉ざされ、また大粒の雨に変わるのだろうと、期待もせずに、けれども身につけていたむし暑い雨合羽だけは脱ぎすてて、家の修理の作業をつづけた。

ところが、空の片すみにわずかだけ顔を出した青空はそのままどんどん勢力を広め、夕方の五時を過ぎた頃には、水に濡れたまぶしい太陽が、射るような金色の光をさっと放ってきた。太陽の背後の青空は、真っ青に澄んだ夏の青空で、梅雨が明けた時にだけ見られる本物の深さであった。

㈡

太陽をスーリア神と呼びまたサヴィトリ神とも呼ぶ二通りの呼び名が、リグ・ヴェーダ讃歌には出てくるのであるが、その日思いもかけず私が山の上で（拝する思いで）見たのは、明らかにスーリアと呼ばれる太陽ではなくて、サヴィトリと呼ばれる太陽の光明であった。

二〇年ほど前に、乾期の盛り、四月のニューデリーにしばらく滞在したことがあったが、日中に市街に出ねばならぬ用があって歩いて行くと、今でもよく覚えているが、生きていながら内臓が腐っていくような灼熱であり、太陽がどの位置にあるかを確かめる余裕などは全くなかった。その時太陽は、天のどこかにスーリアとして在り、まさしく君臨していたはずであるが、その存在に耐えるだけで私などは必死であり、それを祀ることなどは思いも寄らぬことであった。

あの広いインド亜大陸に、純粋にスーリアを祀った寺院はひとつかふたつしかないと聞いたことがあるが、あの激烈な乾期の太陽を経験すれば、インドにおいて太陽を祀ることは至難であることがよく分かる。

一方サヴィトリの場合は、姿と形こそ変化しているが、現在もなおヒンドゥ社会において、宇宙の光明をつかさどる女神として、日常的に深く広く力を持ちつづけている。

ガヤトリーという特別の韻律で唱えられるので、ガヤトリーマントラと呼ばれて、現在も朝夕にヒンドゥの人びとによって唱えられる真言《マントラ》は、本来はサヴィトリマントラであり、遠くリグ・ヴェーダにその源を置いているのである。

「われら願わくは、サヴィトリ神のこの愛《め》でたき光明を享受せんことを。その彼はわれらが詩想を助長せんことを。」

リグ・ヴェーダに現われたこの讃歌が、時代がくだるにつれてアレンジされて、ヒンドゥ民族であればおそらくは誰ひとり知らぬ人はいない、神聖なガヤトリーマントラへと昇華する。

リグ・ヴェーダから約一〇〇〇年遅れて編まれた「マヌの法典」（紀元前二〇〇年〜紀元後二〇〇年に形づくられた）の内には、すでに、次のような法《ダルマ》が規定されている。

「黎明には、太陽の現わるるまでサヴィトリ讃歌を唱えて立つべく、薄暮には、星座の明らかに見ゆるまで、坐してそを誦唱すべし。」

「オームは最高の梵《ブラフマン》なり。日に三度の制息は最勝の苦行なり。されどサヴィトリ讃歌に優るものなし。真実は沈黙に勝る。」

サヴィトリ讃歌は、ヒンドゥ民族にとっての最高の音《おん》であるオームよりも聖なるものとしての位置が与えられていることが分かる。

## (三)

「om.《オーム》 Bhūr《ブール》 bhuvaḥ《ブヴァー》 svaḥ《スヴァー》 : tat《タット》 savitur《サヴィトル》 vareṇyaṁ《ヴァレンニャン》 bhargo《バルゴ》 devasya《ディヴァシャ》 dhīmahi《ディーマイ》 : dhiyo《ディヨー》 yo《ヨー》 naḥ《ナー》 pracodayāt.《プラコダヤート》 om.《オーム》」

「オーム。大地よ大気よ天空よ。不可思議なる神聖なるサヴィトリ（太陽の光明）をそこに想おう。彼のわれらが心を貫かんがために。オーム。」

サヴィトリは本来はスーリアと同じく男性形で呼びかけられており、右記のガヤトリーマントラ（サヴィトリマントラ）においても同様であるが、現在のヒンドゥ社会に流布している絵図においては、それは明らかに女神として描き出され、太陽神であるよりも宇宙の母、宇宙の光明としての性格が色濃く描きこまれている。

私は二〇年以上前からその宇宙の母としてのサヴィトリに魅かれ、そのマントラを暗唱することもできるし、書斎の本棚の上には少々ほこりをかぶってはいるが、その絵図を祀り置いてもいる。

その絵図は、サヴィトリというよりはガヤトリーという別の女神で、星が降る晴れた夜空を背景に、大きな蓮の花の中に片方の脚を伸ばした姿で坐っている。一〇本描き出された腕の内の中心の二本では旋無畏印《せむいいん》を与えてくれる。

その絵図から私が与えられる感情は、もしかするとこのガヤトリーは、私達が阿弥陀佛（永遠の光の佛）と呼び慣わしてきた永遠観と同根の感情域にあるものではないか、その極めてヒンドゥ的な表現ではないのか、ということである。

阿弥陀佛の本体は、今の私達はそのことをすっかり忘れてしまったのだが、永遠という光明そのものなのである。

ガヤトリーが太陽の光明としてのサヴィトリに源を持ちながら宇宙の母に深化した経緯を逆にたどって、光明《アミダブツ》は太陽であり、月であり、星であり、地上の火そのものでもあると確認し直してゆくことを、私達はリグ・ヴェーダから学ぶことができ、突然に梅雨が明けて現われた水々しい六月の太陽《サヴィトリ》から知ることができる。

# 雨の神パルジャニア

㈠

ひと月に三五日雨が降るといわれる屋久島で、もう三週間以上、一滴の雨も降らない。今は梅雨明け一〇日といわれて、一年の内で最も天気が安定し、真夏の青天井がつづく季節ではあるのだが、それにしても三週間以上、正確にいえば今日で二四日間も雨が降らないというのは、稀なことである。ほぼ二〇年間この島に住んできて、これまでに一度だけ同様の夏があったと記憶するが、朝起きだしてみれば、山の上には確実に真っ青な空が広がり、クマゼミがシャンシャンと大合唱をくりひろげる日々がつづくと、いつしかこの世には雨などという現象は有り得ない、という気持にもなってくる。

これは屋久島だけでなく、九州でも四国でも中部、関東地方も同様のようで、早くも水不足・水飢饉のニュースがあちこちから伝えられている。

幸いこの島は山が深いゆえに、谷川の水が涸れるということはないが、それでもその水量はめっきり減って、轟きの音はいつもの半分くらいにしか聞こえてこない。畑はからからに乾いて、ナスもキユウリもトマトも実にならない。比較的乾燥に強いトウモロコシだけが、なんとか畑らしい表情を保って実をふくらませ、青いひげをたらしている。

(二)

雨の神パルジャニアは、リグ・ヴェーダの第五章八三節において

「強力なる神を、これらの讃歌もて招け。パルジャニアを讃えよ。頂礼《ちょうらい》もて彼の好意を得んと努めよ。高らかに吼《ほ》え、生気を与うる液(雨)に富む牡牛は、その種子を胚種として草木の中に置く。」

に見られるように、しばしば牡牛に喩えられている。牡牛の力強さ、繁殖力の旺盛さという具体風景の内に、雨の力そのものを映したのだと思う。

「戦車を御《ぎょ》する者のごとく、鞭《むち》もて馬を打ちつつ、彼は雨の使者(雨雲)を現わす。獅子の叫びにまごう雷鳴は遠方より起こる、パルジャニアが雨雲をつくるとき。」

「風吹き起こり、電光ひらめく。草木は芽ばえ、天は水にあふる。栄養の液は一切万物のために生ず、パルジャニアが種子をもって大地を育むとき。」

「吼えよ、神鳴れ、胚種を置け、水に満てる戦車もて飛び廻れ。紐《ひも》を解きたる皮袋を下方に向

けて強く引け。高き所も低き所も水もて一様ならしめよ。」

「汝は雨を降らせたり。そを見事に止《や》ましめよ。汝は荒野を越ゆるに易くせり。草木を食物のために生ぜしめたり。また生類のために詩的霊感を見いだせり。」

四季をとおして雨に恵まれる日本のようではなく、長い乾期と短い雨期に分かたれるヒンドゥスタンにあっては、雨は『歓呼』をもって迎えられるべきものであり、すべての草木に胚種を置くものであった。

当然のことであるが、リグ・ヴェーダの時代の詩人（祈禱の言葉を発する者）は、草木がみずから胚種を育むのではなくて、その種子はより深く雨の内にあることを、明らかに見ていた。「パルジャニアが種子をもって大地を育むとき」という表現は、種子は草木の内にあるという事実を止揚して（空観して）雨がじつはより本源の種子であるという縁起を知りつくしていたことを示している。

雨神といっても、他の神々と同様に、私達はすでに雨が神であるという感性を失ってしまって久しい。私達の感性は、穀物や果実は植物から生じる、という処までしか届かず、穀物や果実や野菜は、食料品店や八百屋に行けばそこに売られている、という処までしか届かず、商品及び貨幣、つづめていえば貨幣が神であるという例の経済学に、全地球規模で収斂しつつあるようにさえ見える。

㈢

少なくとも三〇〇〇年の伝統をもつ貨幣という神に、あなたは神ではないと異議を唱えるつもりは私にもないが、貨幣でさえも神であるからには、それを生み出した大元の雨は、恵みを与えるにしろ被害をもたらすにしろ、万人に公平であるという点で、また、そもそもにおいて私自身をさえここに生み出したという点で、より根源の神と呼んでさしつかえはないと思う。

昨年の今頃は、梅雨があがらず冷夏で、私達は、梅雨よ明けよ、青天井の夏よ来てくれと願いつづけていた。今年の夏は一変して、日本列島は一週間も二週間も早く梅雨が明け、猛暑で家畜が死んだり、熱射病で死ぬ老人があったりし、各地方の高温記録が次々と更新され直されている。

自然はまことに気ままで、御しがたい。それゆえにこそ、技術という新しい神を人間はつくり出してきたのであるが、その技術の根底には、貨幣の基底と同様に、太陽神スーリアがおり、雨神パルジャニアがおり、少なくともその二神を抜きにしては技術も貨幣も成立しないという素朴な事実を、私達は今取り戻す時にきている。

技術と貨幣の二神に幸いがあるためには、より深くスーリアとパルジャニアの二神に幸いがあるのでなくてはならない。

私は今、子供部屋の屋根の修理作業をしているのだが、四五度～五〇度にもなろうという屋根上の直射日光のさなかで、そこでそのように仕事ができることを心から楽しんでいる。よくぞ夏がきてくれたと、白熱する太陽に掌を合わせさえする。けれどもその一方では、さすがにそろそろひと雨ほしい。これではまるでヒンドゥスタンの乾期のようだ。

身心がそう願って眠った昨夜、二五日振りに少し強い雨が一時間ほど降った。夢うつつの中でその音を聞きながら、深くその大神に安心してまた寝入った。

# 理性の激震

㈠

最近ある縁があって、プッタパルティのサチャ・サイババとの関係が深まっている。

プッタパルティのサイババは、私がインドを巡礼した二〇年前にもすでにインド中に知れわたっていた奇蹟の人であり、インドの街や田舎のあちこちに見られる神々や聖者の絵や写真を売っているお店では、アフロスタイルの髪型が特徴のサイババの絵写真がよく置いてあった。

サイババは、最近日本のテレビや週刊誌でも特集されて紹介されたそうだから、御存知の方も多いかと思うが、一九一〇年代に亡くなったシルディのサイババという聖者の生まれ替わりであると宣言した人である。プッタパルティのサイババは、シルディのサイババが亡くなる時に、自分は八年後に生まれ替わると言い残した通りに生まれ替わり、一四歳になった時に「幻は過ぎ去った。私の信者達が呼んでいるので、もう行かなければならない」と言って一人で家を出、そのままシルディのサイババの生まれ替わりとして宗教活動を始めた。

神々や聖者の絵や写真を売っている店には、現在のサイババより少し高い頻度で、そのシルディのサイババの写真が置かれてあった。私は現在のサイババよりはシルディのサイババに魅かれ、自分の内なる聖者の一人としてその写真を今でも大切に保存している。アフロスタイルの現在のサイババについては、奇蹟を行なう人としての評判は当然聞いていたが、奇蹟を行なうというそのことだけで、どちらかというと興味がうすかった。

㈡

今年の四月に東京・杉並のホビット村学校という処で詩の朗読会を持った時に、私は人間の理性というものが必ずしも万能のものではないことを説明するために、当時すでに出版されていて評判をとっていたが、私自身は書評でしかその内容を知らなかった『理性のゆらぎ』（青山圭秀著、三五館）という本について、少々言及した。その会が終わった時に、そこに山形県からわざわざ参会してくださっていた布川恵一さんという方から、サイババの聖灰《ビブーティ》をあげます、と言われて、和紙に包まれた聖なる感覚のあるものをいただいた。

その場に居残っていた人達と共にその包みを開いてみると、小麦粉のように目の細かい白っぽい灰が中サジ一杯ほど詰めてあり、それを食べても水に溶かして飲んでも、そのまま体に触れさせても万病に特効があるというのであった。限られた誌面で説明するのは難しいが、それはサイババの奇蹟の中でも最もポピュラーなものとして知られている聖灰で、サイババはそれを何の苦もなくさっと空中に手を伸ばして、そこから即座に物質化してしまうのだそうである。

サイババはもう五〇年以上もそういう手品をつづけているのだから、それが手品であれば必ずやその種を見抜いて、彼は手品師だという評判が広がったに違いない。興味本位で種を見抜いてやろうと訪れるであろう人達も含めて、年に百万人を越す人達がプッタパルティを訪れるというが、今のところその誰からも彼は手品師だという噂は伝わっていない。

とすると、彼が空中から聖灰を物質化するということは事実であり、理性はいきなりトップクォークレベルの、物質と非物質の世界にまで遡《さかのぼ》って、ゆらぎどころか激震を起こさずにはいられない。大変なものが届けられたと感激し、一方では、それでは私の理性はこれからもっと激震する旅の領域へ現実に入っていかねばならぬのかと覚悟をしていたら、やはりその場に居残っていた菅野奈津子さんという方が、自分の友人で重症癌の人がいるのでと話されたので、しばらくお貸しするということで菅野さんにそれをお渡しした。私の気持では、そのような大切なものを信者でもない私がもらうわけにはいかないから、時期を見て山形の布川さんにお返ししようと思ったのである。

(三)

屋久島に戻ってから、いずれお返しするつもりだがこういう事情でもうしばらく時間がかかる旨、山形の布川さんに連絡を取ると、折り返しさらに二包みの聖灰《ビブーティ》が送られてきて、神の愛は無限です、と書き添えてあった。私としては、それでもう聖灰から逃れることはできず、サイババから逃れることもできないことになった。布川さんからは聖灰のほかに、サイババの写真と「サイババの毎日の指《し》箴《しん》」という小冊子が送られてきて、それを読んでみると、サイババは奇蹟を行なう人であるよりも、真実な確固とした宗教者であることが明確に分かった。聖灰が空中から物質化されたものであろうとなかろうと、またそれが万能の特効薬であろうとなかろうと、サイババの語る言葉は深い真実であり、その言葉によって私の魂の奥の病が癒されるのを自覚せずにはおれない。

七月の末に、紀伊半島の熊野の青岸渡寺で「野草塾」という三泊四日の合宿セミナーがあり、そこで気功家の中健次郎さんに再会した。驚いたことには、その時中さんはプッタパルティのサイババアシュラムから帰ってきたばかりとのことで、プッタパルティの白檀で作られたという香り高い数珠を、お土産にくださった。

話を聞くと、中さんは何万という聴衆の中から一カ月近くも待って遂に呼ばれ、他の何人かの日本人と共にサイババの部屋に招き入れられたそうである。その時一人の人が、「神を見るにはどうすればよいのですか」と質問すると、サイババはただちに「愛という眼鏡をかけて見なさい」と答えられたという。

その話を聞いて、私のサイババという人格への確信はますます深まった。ちなみに「サイババの毎日の指箴」からこの原稿を書いている八月三〇日、今日の言葉を引くと、「現代の人々が持っている唯一の痛みは、食べすぎと運動不足による胃の痛みである」と記されてある。

# 荒々しい雨の神

㈠

台風二六号が、南大東島の北をゆっくりと北上してきて、この島を暴風雨圏に巻きこむかどうかは昨夜が分かれ目だった。

中心の気圧が九三五Ｈｐという非常に強い台風であるから、同じ北上といっても、それが北北西に向かうか北北東に向かうかでは大違い、北北東に進んでくれれば、私達の島は暴風雨圏を逃れることができる。

幸いなことに二六号は北北東に進んでくれて、現在緯度的にはそれは屋久島の真横にあるのだが、約二五〇㎞離れた真横なので雨も風もほとんど止まっている状態である。あれが北北西に進んでいたら、今頃はもう電気も止まり、暴風雨の真只中で、それでなくても熱のある体で不安にさいなまれていたことだろう。

このところ二週間ばかり、原因不明の高熱が一日おきに夕方になると襲ってき、医者にも通い、検査も受けているが、よくならない。血液を調べると猛烈な炎症反応が出ているのだが、体の中のどこでその炎症が起きているのかが分からない。

こうなると島住まいというのは厄介なもので、精密に調べるためには何もかもを棄ておいて海を渡り、鹿児島市の病院へ入院しなくては済まないことになる。病院は嫌いだからと言い張っても、小さい子供のいる身をどうすると妻が心底心配するのを見れば、やはり病院という軍門に降らざるを得ない。

夕方になると四〇度を超すほどの熱が出てぐったりするが、なぜか朝になると平熱に戻る。体の底に熱があるのは感じるが、多分抗生物質の薬のせいでその熱は封じ込まれてしまうのだろう。それが出てこない内にと、今も布団の上に座り画板を下敷きにして、この原稿を書いている。

㈡

「草木の増強者、水の増強者、全動界（生物界）を支配する神、彼（パルジャニア）が三重の庇護、三重の保護を授けんことを。援助に富む三重の光明をわれらがために。」

「この言葉は、自律の王者パルジャニアの心に近くあれ。そを彼が嘉《よみ》せんことを。爽快を与うる雨は、われらのためにあれ。神を保護者となす草は、いみじき漿果《しょうか》を実らしめよ。」

「彼はありとあらゆる草木に、種子を授くる牡牛なり。彼の中に動界と不動界の生気は存す。この天則の発現はわれらを守れ。百歳の齢のために。汝ら神々は常に祝福をもてわれらを守れ。」

牡牛の精液に喩えられる雨の神パルジャニアは、サヴィトリと同じくやはり男性神である。太陽の晴朗の光といい降りそそぐ雨といい、日本という風土に住む私としてはどちらにもむしろ女性神を感じるのだが、リグ・ヴェーダにあってはそれは、「ありとあらゆる草木に種子を授くる」牡牛であり、「草木の増強者、水の増強者、全動界を支配する」男性神である。

そのような風景として、この台風の去りつつある天を見上げれば、ひとつの、生きている本物の龍としての台風は、女性神というよりは、荒々しくまた猛々しい男性的な神の姿のようにも感じられてくる。

もうひとつ、「この言葉は、自律の王者パルジャニアの心に近くあれ」という言葉に注目しておきたい。万葉集の歌の多くもそうだと言われているが、「歌」、「歌う言葉」というものは、その発現の源は、最も深く強い感情の発露としての、祈りの言葉、祈禱の言葉、呪詞であり呪歌であった。歌の発生、詩の発生の動機は生身の祈禱であったということを、私はリグ・ヴェーダからの贈りものとして、有難く戴く。

㈢

体の中に原因不明の高熱が内蔵されていることを、アニミズムとして眺めてみると、やはり今年の夏は熱かった。熱夏であったということに帰せられるように思う。

九月に入っても秋雨前線が発達してくる様子は少しもなく、台風さえ発生せず、八月と同じ猛暑がそのままに続いた。この島の梅雨が明けたのは、忘れもしない六月二四日の午後のことだったから、それ以来のほぼ三カ月、連日日中は三〇度を超し、夜は二五度を降らない熱帯の日々が続いたことになる。

夏好きの私としては、うれしくもあり有難いとさえ感じた夏であったが、それにもかかわらずそのような火に耐えるためには、私の体のどこかに弱い部分があって、九月の半ばになりようやく暑さに微妙な衰えが混じってきたのを契機にして、その火に取り込まれてしまったのではないか。

つまり夏の火の名残りが、私の体の中で炎症となって燃えあがり、今や体の底から、秋という水の慈《めぐ》みを待ち受けている——。

事実として、今回の二六号台風については、もう一週間以上も前から太平洋上にあるのを見ていて、それが遠ざかったり消滅するのではなくて、私としては、発達して屋久島方面に接近してくればよいと願う気持があった。水不足の四国や北九州の人達の願いに共振する思いでもあるが、それ以上に私個人の体が雨を欲しがって、台風でもこなければ雨もこないと、台風を呼んでいるらしい気持があったのである。

けれどもそれが九二五Ｈｐまで発達して、いよいよ屋久島の方向目指して北上しはじめると、やはり、直撃はしてくれるなと願わずにはいられない。熱のある体では、島で言う〈台風の待ち迎え〉など出来るものではない。

幸いなことに、台風は北北東に向きを定め、室戸岬を目指して進んで行った。この大いなる龍、いやパルジャニアは、屋久島にはほどよい雨をもたらし、気のせいかもしれないが、私の体の内の不明の熱も引き下がりつつあるように感じる。

# ヴィシュヌ神

㈠

ちょうど半月間の入院生活を終えて、フェリー屋久島IIで島に帰ってきた日は、秋晴れの上々のお天気の日だった。病が癒えて目出度く退院なら申し分ないのだが、様々な検査の末、高熱の原因が特定できず、まだ微熱がつづき体もだるいままに自分から申し出ての退院だったから、気持はいまひとつすっきりしない。

入院していた鹿児島市の今村病院というのは、鹿児島港沿いの旧ボサド桟橋の近くにあり、六階の病室の大窓からは雄大な桜島御岳《おたけ》の全姿と、その下に広がる鹿児島港の一部を見おろすことができた。あるお天気のいい朝、窓辺によって桜島御岳の噴煙を眺めつつ、桜島が御岳《おたけ》と呼ばれ、カミの山と呼ばれるのは理由のないことではない、と考えを廻らせたりしていると、不意にそのこととは全く関係のないもうひとつのことに思い当った。時計を見ると八時五〇分で、にわかに、思い当ったことへの期待が高まった。

島へ向かうフェリー屋久島IIは、八時四五分に鹿児島北埠頭《ふとう》を出航する。だとすればまもなくその船体が眼下に現われるはずである。そう思いつくともう桜島はそっちのけで、朝の太陽がキラキラと反射している海面に、船を待ちつつ首を伸ばすのだった。われながら子供じみていると思いながらも、首を伸ばして見つめていると、八時五三分に白い船の舳先《へさき》が窓のはしにかかって来たのを認めた。舳先のほんのわずかの型だけで、それがフェリー屋久島IIのものだと分かり、船体が全容を現わしてくると、それはむろん間違いのない私達のフェリー屋久島IIの姿であった。

朝日を浴びて、その船体はまぶしいほどに白く、そしておごそかであった。

何年か前に、初めて島へ就航してきたその船を見に行った時に、立派な大きな船だと感じはしたが、まさかおごそかな船などとはいささかも感じはしなかった。

見馴れたひとつの船が、今日はおごそかに島へと南下して行く。

病院という環境からならではの感受であろうが、私としてはその船がそのように見えたということに、経典に言う法界荘厳《ほっかいしょうごん》という事実を知る思いもあって、大変にうれしかった。

(二)

現代のヒンドゥ社会は、大きく分けるとヴィシュヌ神の系列の神々を祀るヴィシュヌ派と、シヴァ神の系列の神々を祀るシヴァ派と、ヴィシュヌ、シヴァ両神の妃《シャクティ》である女神を主として祀るシャクティ派の三つに分けることができるようである。バガヴァット・ギータに登場するクリシュナ神を初めとして、ヴィシュヌは千もの名前の神々に変身して呼ばれるヒンドゥ教を代表する神であるが、その源はすでに遠くリグ・ヴェーダの内にある。リグ・ヴェーダにおいてヴィシュヌは世界を三歩で歩き、三歩目において最高天に達する神として登場してくる。

「わが鼓舞の讃歌はヴィシュヌにとどけ。山に住み、闊歩《かっぽ》する牡牛なる神に。遠く延び拡がるこの世界を、独りただ三歩もて測りし神に。」

「彼の三歩は蜜に満ち、尽くることもなく、自己の本性に従って陶酔す。彼は独りして三界を支えたり。天をも地をも、一切万物をも。」

「われ願わくは、彼のこのいとしき領土に達せんことを。神を崇むる者たちの陶酔するところに。そこにこそ闊歩の神の親縁はあれ。ヴィシュヌの最高歩(最高天)には蜜の泉あり。」

三歩が何を意味するかの定説はないようであるが、当然それは、地と天と最高天の三界を闊歩することを示しているものと思う。そしてそのような歩行のできる者は、自然界には太陽しかないのであるから、ヴィシュヌ神もまたスーリアやサヴィトリと同じく、太陽にその源を持つ太陽神系列の神であることが分かる。後世にヴィシュヌ神が絶大な信仰を得るようになるのは、現実の太陽を越えた最高天(もはや熱射をもたらさない)に到っている抽象性と、それにもかかわらず蜜の陶酔という現実性を保持しつづけている、二種のリアリティの複合に原因していると私は思う。

涼しい光明と蜜の陶酔の複合は、ヒンドゥ民族ならずとも、ひとつの神格を形成するのに必要にして充分な条件である。

㈢

病院では、少しづつ「正法眼蔵」を読み味わっていた。その中に、唐の禅家、玄沙山師備《げんしゃさんしび》（八三五～九〇八）という人が得た、尽十方世界是一顆明珠《じんじっぽうせかいこれいっかめいしゅ》、という光明が記されてあった。地界、天界、最高天界を含む尽十方世界は、ひとつの小さな水晶玉あるいは露の玉そのものである、とでも解釈したらよいだろうか。

「眼蔵」の中においても無限にあるといってよい言葉達の中で、その尽十方世界是一顆明珠が、きらりと光って私の内深くに入りこみ、そのままそこに住みついてしまった。

眼の下の朝日の輝く港を、ゆっくりと南下して行く白い船体は、そのまま一顆明珠《いっかめいしゅ》であり、一顆明珠であるからには尽十方世界そのものであった。さらにまた、その船が行き着く先の眼には見えない屋久島という島も、そのまま一顆明珠であり、尽十方世界そのものであった。

そうであるからにはまた、眼前にそびえる桜島御岳も一顆明珠にほかならず、それを眺める大窓、病院もまた一顆明珠にほかならず尽十方世界にほかならなかった。

一顆明珠の光明はヴィシュヌ神の涼しい光明につながるものであるが、そこには蜜の陶酔はない。ヒンドゥの感受と中国の感受の違いであるが、蜜の陶酔という即現実の情感を最高天に神化したヒンドゥの伝統は、中国の伝統と共に私達の生死《しょうじ》に、善い深いものを確かにもたらさずにはおかないのである。

# 風の神ヴァータ

㈠

明治五年（一八七二）の改暦によって廃された太陰太陽暦（陰陽暦・旧暦）は、日本では飛鳥時代から採用されていたというが、その始まりは中国で、殷《いん》の時代（紀元前一六～）に黄河の中・下流域ではすでにその暦が使われていたという。

中国において三五〇〇年、日本において約一五〇〇年間使われてきて何の不都合もなかった太陰太陽暦が廃されたのは、明治の文明開化策によって現在のグレゴリオ暦（太陽暦）が採用されたためであるが、それは西洋に習うべく西洋暦を採用しただけであって、太陽暦と太陰暦の両方を組み合わせた太陰太陽暦に欠陥があるためではなかった。

この一年間、私は意識的に陰陽暦による二四節気というものを体験してみたのだが、それは一月、二月、三月という数字のみの太陽暦に比べてはるかに豊穣性の高い暦であると感じられた。

ご承知のように、陰陽暦は一年を立春の日から始めて、それを二四の節気に分ける。各節気（ほぼ一五日間）はさらに初候、次候、末候の三候に分かれて、ひと口には二四節気七二候と呼ばれる。今は七二候は別に置いて二四節気だけを眺めると、立春節から始まった一年は、雨水《うすい》節、啓蟄《けいちつ》節、春分節へと移り、夏至節を経て立秋節へと到り、冬至節を経て小寒節、大寒節をもって終わる。ほぼ半月間続く各節気を今は立冬節、今は小雪《しょうせつ》節、今は大雪《たいせつ》節、やがて冬至節と踏んでゆくと、おのずからその季節の味わいが深まってくる。

この忙しい現代にあって、一年を二四に分けるなど煩わしいと感じられる向きもあろうが、数字ではなくて、節気節気の名でそれを追ってゆくと、忙しい現代であるからこそ逆に、そこに心身のゆとり、季節との微妙な一体感が生まれてくる。さらに言うなら、未来へ向けて直進する一方の文明の時間ではなくて、回帰して止まないもうひとつの自然時間というものが感じられてくる。

㈡

中国においては、紀元前一六世紀頃に殷《いん》という国が興り、太陰太陽暦を成立させたのであるが、ほぼ同じ頃インドの北西部パンジャーブ地方にアリアン人達が侵入してきて、ヒンドゥ文化の基礎を作りあげた。「リグ・ヴェーダ讃歌」は、その最たるもののひとつであった。

太陰太陽暦が、四季の巡りという天則《リタ》に関する詳細な観察であり知識であったのに対して、「リグ・ヴェーダ讃歌」は、その同じ天則《リタ》を人間への恵みとして乞い讃える人間の側からの切願の歌であった。讃歌と暦とでは一見して性質が異なるように思われるかもしれないが、天則《リタ》すなわち自然現象をカミと認識し、カミガミと共にあり、カミガミと共生してゆきたいとする人間の根元の願望である点では、どちらも同じ発現であるように私は感じる。

「リグ・ヴェーダ讃歌」にはヴァーユ、ヴァータと呼ばれる二つの風の神が登場するが、たとえば「風《ヴァータ》」という自然現象について、リグ・ヴェーダの歌人《うたびと》は次のように祈り讃える。

「彼は空界においてもろもろの道を進み、一日たりとも休むことなし。水の友、初生者、天則《リタ》を持する神、彼はそもいずこに生じたりや。いずこより来たれるか。」

「神々の生気、世界の胚種、この神はその意のままに進む。彼の音のみは聞こえ、姿は見えず。われら願わくは、この風《ヴァータ》に供物もて奉仕せんことを。」

「ヴァータよ、そこなる汝の家に、不死の霊薬の宝庫として置かれたるもの、そをそこより取りてわれらに与えよ。われらの生きんがために。」

風は、吹きわたる物理的な風でもあるが、ここではすでにより深い認識として、すべての生命に生命を与える初生者、すなわち生気《プラーナ》としての風がとらえられていることが分かる。風（生気）そのものが不死の霊薬なのであった。

㈢

小雪《しょうせつ》次候の節気にあって、風を眺める。小雪次候（一一月二八日〜一二月二日の五日間）は、朔風《さくふう》葉を払う、と特徴づけられている日々であるが、その通りに私家のヒメシャラの樹はすでに葉を落とし尽くし、その裸の梢をヒヨドリがきて揺らしている。

例年ならこの季節は、屋久島でも木枯らしが吹いて一息に寒くなってくるのだが、今年はそれほどでなく、今日はまた風もない。ヒヨドリが枝から枝へ渡るたびに、そこにかすかに風が巻くのが見られるばかりで、樹々も草達もじっとしたままだ。

風に最も敏感なダンチクの高い穂に眼を移して見ると、さすがにその穂は灰色の空を背にして、ゆったりと自らの重量を楽しむかのようにゆらいでいる。赤っぽい毛の小さなヤマガラが飛んできて、その穂先に止まる。穂先は三〇センチもしなって大揺れに揺れるが、ヤマガラは驚きもせずその揺れを楽しんでいるかのようだ。

風が無いと、その分だけ小鳥達の動きが活発に感じられる。静止した風景の中では、素早く動く小さなもの達がおのずから風となり、風の塊《かたまり》となって飛びまわる。小鳥達は風の精《ラサ》でもあろうか。

風《ヴァータ》の家が不死の霊薬の宝庫である、というリグ・ヴェーダの祈禱者（歌人《うたびと》）の直観は、その時から三〇〇〇年を経た現在もいささかも新鮮さを失っていない。風《ヴァータ》の家は、なにも天空のどこかに建立されているのではなくて、小鳥達が飛びまわる目前の風景、その風景こそが今は風の家なのである。

風（生気）から小鳥達は生まれてきて、ひとつの冬を越し、また風へと帰って行くのではないだろうか。そうであるとすれば、人間の姿をしてここに立っている私も、別の姿においては小鳥達であり、風から生まれて風へと帰る小さな魂なのではないだろうか。

# アジアモンスーン気候への讃歌、ルドラ神

## (一)

冬至節は、一年を二四節気七二候に分けて見ていく太陰太陽暦(旧暦)の中では、まだ比較的私達の生活の中に生きている節気である。その前に置かれている大雪《だいせつ》節がほとんど死語になっているのに比べれば、冬至節は生きているが、それが一二月二二日の一日だけでなく、やがて年が明けて一月六日に小寒節に入るまでの一五日間の呼び名であることは、もうほとんど意識されていない。

現行の太陽暦は、一二月二二日の一日を冬至の日としてそこを過ぎて行くが、太陰太陽暦にあっては、クリスマスも大晦日もお正月三が日もすべて冬至節中の出来事となり、冬至節が持つ意味はそれだけ重要になる。

太陰太陽暦が定着したのは中国の殷《いん》の時代というから、くり返しになるが今からおよそ三五〇〇年前のことである。日本では飛鳥時代から採用され、明治五年に廃されるまで約一五〇〇年間使われてきたのだが、さしたる不都合があったわけではなく、文明開化策に伴って、西洋に並んで太陽暦を採用したのに過ぎなかった。

この一年間、私は意識的に太陰太陽暦による二四節気と交わってみたのだが、太陽暦のみによるのっぺらぼうな月めくりカレンダーに比べて、二四節気を追い味わって行く方がはるかに季節感の深いことを知った。太陽の運行に併せて月の運行を加味した太陰太陽暦は、アジアモンスーン気候の中から定着した暦であるから、当然私達にとってはより季節感の濃い暦になる。

(二)

ヴィシュヌ神と並んでヒンドゥ教を二分する大神シヴァは、その前身をルドラと呼ばれて、ヴィシュヌと同じくすでにリグ・ヴェーダにおいて登場してくる。ヴィシュヌが太陽に起源を持つ自然神であるらしいのに対して、ルドラはアジアモンスーン気候そのものに起源を持っているようだと推定されている。ルドラの名を、語根の rud「泣く・吠える」に求めて「咆吼者《ほうこう》」とし、モンスーンの強大な破壊力と万物蘇生の力をそこに人格化した、というのがその理由である。ルドラの性格は、第一に暴風雨神であるマルト神群の父という位置づけにあり、強烈な破壊力を秘めた神として怖れられる。次には大いなる医薬の保持者とされ、治癒する神として崇められる。後のシヴァ神が持つ破壊と創造という性格を、ルドラはすでに当然のことながら内包していた。

「マルト神群(暴風雨神)の父よ、汝《な》が好意は来たれ。われらが太陽を仰ぎ見るを遮《さえぎ》るなかれ。豪気の神は、われらに寛恕を垂れんことを。ルドラよ、われら願わくは、子孫を生みつがんことを。」

「汝《な》が与うる最も効験ある医薬により、ルドラよ、われ願わくは、百歳の齢を全うせんことを。われらより敵意を逐《お》え、さらに遠く困厄を逐え。病患をあらゆる方向に逐え。」

「ルドラよ、汝は生あるものの中、威光にかけて最も威光あり。力あるものの中、最も力あり。金剛手《ヴァジュラ》にもつ神よ、われらを安全に困厄の彼岸に導け。疾病のあらゆる襲来を遠ざけよ。」

㈢

ルドラに捧げられたこれらの詩（呪詞）を、アジアモンスーンという気候風土そのものへの讃歌であり要請として見ると、後に「吉祥《シヴァ》」を意味するシヴァ神そのものへと変容してきたその神格のリアリティが、より直截に感じられるような気がする。

アリアン人がインド西北部のバンジャーブ地方に侵入してきて、インドアーリアン人となり、リグ・ヴェーダ讃歌を編みはじめたのは、紀元前一五〇〇年頃で、それは中国において殷が建国したのとほぼ同時期である。

暦というものを神（自然神）の解釈と見、さらにそれ自身をひとつの神と見なすならば、ほぼ同時期に、インド亜大陸と中国亜大陸の双方において、天地の運行である季節そのものが神として祀られ始めたということになる。そしてほぼ三五〇〇年を経た現在も、そのことにじつは変わりはないのだと私は感じる。

「今日は冬至の日だ」と思う時、私はいつでも「どんづまりの善き日」、という実感を持つ。もうこれ以上は日足が短くならない。年末のあわただしさに加えて、何かに追いつめられている感覚が冬至の日において頂点に達して、どんづまりと感じる一方で、明日からは「畳の目一つ」とはいえ日足が伸びて行くのだ。日足が伸びて具体的に善いことが起こるわけではないが、日足が伸びること自体が希望として、私の中に明らかに注ぎこまれてくる。希望は、病いさえも癒す力を持つと言われる、強い医薬のひとつである。

神にはむろんさまざまな属性があるが、その内のひとつは希望を与えてくれること、で確かにあるだろう。そうであるとすれば、冬至節は現代においても私にはやはり神であるし、神と呼ぶことが少々誇張ならば、それをカミと表記してもよい。

カミと共にあれば、カミは希望を与えてくれる。冬至の日を冬至と認識してそこに在れば、太陰と太陽と共に月日は巡り、私達の生死《しょうじ》が巡る。巡ることに、興趣はつきない。

今年の冬至の日は朝から良いお天気で、昼頃には雲ひとつない快晴となった。畑の中にすえつけてある、小さな木の切株の椅子に腰をおろして、雲ひとつないなあと、空をぐるりと見廻してみると、南東の山の上にひとつだけ小さな白雲が浮いていた。

その白雲のせいでのどかさがいっそうつのり、善い冬至の日になったと、私はつくづくその日のお天気に感謝する気持だった。空から陽が降る輝きと同じほどに、地では谷川の音がやさしく囁き、タバコを一本吸うだけのわずかの時間ながら、私はささやかな至福の内にあった。

# テクノロジー神のほころび

## (一)

阪神大震災から二週間が過ぎて、大寒節もあますところ三日、やがてささやかではあるけれども確かな希望である、立春節を迎える。

聞くところによると、バンコックではこの前後に三度の正月を迎えるということである。ひとつはむろん日本と同じく西暦に合わせた一月一日の正月で、もうひとつは華商達の中国暦に合わせて立春の日を正月とするもの、三番目にやっとタイ本来のタイ正月がやってくるが、それは太陽が黄道中の白羊宮に入る四月の初め頃になるということである。

タイは、ちょうど二〇年ほど前にインドに行く途中一週間ほどバンコックに滞在したことがあるだけだが、王宮前の広場にピィと呼ばれる民族神の祠があった。タイは濃密な仏教国であるとばかり思っていた当時の私には、それは意外なことだったが、考えてみれば日本の基層に神道アニミズムがあるのと同じことで、むしろそれが当然の宗教性というものであることに、気づかされた。

現在のタイに、ピィを主神とする民族宗教と、仏教と、新興工業国としてのテクノロジー神の三つの宗教があると見て眺めると、バンコックの三つの正月は、それぞれにそれに対応してあることがわかる。

日本でもつい五〇年ほど前までは、田舎では新正月と旧正月の二つの正月が生きていたが、現在はもう旧正月は正月としてはほとんど廃されてしまった。文化、あるいは文明というものは、多層的重層的なものであると同時に、多様でもあることが好ましいと考えている私には、バンコックの三つの正月の話は、後発性のしるしでもノスタルジーの対象でもなくて、ひとつの未来的に豊かな文化現象としてとらえられるべき性質のものに感じられる。

(二)

大神シヴァは、現在のヒンドゥ教を代表する神格のひとつであるが、その前身はリグ・ヴェーダにおいてはルドラと呼ばれ、どうやらそれはアジアモンスーン（ヒマラヤモンスーンとも呼ぶ）という気候現象に源を持つアニミズムの神格であることは、前節に記した。ルドラの位置が暴風雨神であるマルト神群の父とされていることから、そのことが主として推測される。

「われら誤れる頂礼《ちょうらい》もて汝《なんじ》を怒らしむることなかれ、ルドラよ。拙《つたな》き称讃により、また他神と共同の勧請によりて、牡牛なす神よ。汝《な》が医薬もてわれらが勝れたる男子を起立せしめよ。聞くならく、汝《な》れこそは薬師《くすし》の中にて最勝の薬師なれと。」

「天界より投下せられて、地界を回《めぐ》りゆく汝《なんじ》の火箭《かせん》、そはわれらを容赦せよ。汝は千の医薬を有す、いみじく息吸う神よ。われらを毀《こぼ》つことなかれ。われらの子孫において、後裔において。」
「われらを殺すことなかれ、ルドラよ、委棄することなかれ。怒れる汝《なんじ》の投縄にわれら捕わることなかれ。われらをバルヒス（祭場の敷草）に、生存者の発言に与《あずか》らしめよ。」

ルドラの最大の武器は弓矢であり、火箭《かせん》であるが、おそらくそれは雷であり稲妻そのものの象徴であろう。

㈢

インド亜大陸の地下を活断層が走っているかは知らないが、ルドラ神の火箭を仮に活断層の象徴として見るならば、「われらを殺すことなかれ」というルドラへのリグ・ヴェーダの祈りは、三〇〇〇年の年月を越えてにわかに今日の日本においても響きわたってくるものである。一方ではまた、「われら誤れる頂礼もて汝を怒らしむることなかれ」という自戒の祈りも、おのずから湧き起こってこずにはおれない。

神戸大学の五百旗頭《いおきべ》先生という人は、このたびの大地震で逝った自分のゼミの学生への弔辞の中で、

「ふつう地震は人知を越える自然の力の存在を誇示するに留めるものです。ガタガタと激しく揺れ動くと、人々は恐れおののき、顔色を変え、時にははいつくばって畏怖の念を表わします。それを見届けると地震は大自然の恐ろしさを思い知ったか、忘れるなよと通り過ぎる。これまではそうした儀礼であったと思います。この度は違いました。真暗な闇の中で、大地の悪魔は、突

然家を持ち上げ地面にたたきつけ、それでも気が済まず両手で家を左右に引き裂こうとしました。本気で殺しに来ている！　何故だ、四角い室が菱形に引き伸ばされ、家中にタンスやテレビが飛び交うのが暗闇の中でも分かりました。あれがたった二〇秒だったのでしょうか。……」

という表現をされているのであるが、その渦中にあってみれば、まさしくこのたびの地震は、殺しにきた！　というのが実感であったと思う。

自然は、時には殺しにも来るものであるゆえに、「われらを殺すことなかれ、ルドラよ、委棄することなかれ」という、身心をそこに賭した祈りの言葉が生まれてくる。

テクノロジーが、私達の神のひとつであることを認めるのにやぶさかではないが、この大災害は、テクノロジー神のみへの「われらの誤まれる頂礼《ちょうらい》」という内実を含んでおり、都市文明の在り方への根源からの組み直しという反省をも促していることが明らかである。

二〇世紀は、テクノロジー神が正式に私達の大神としての座を獲得した世紀であったが、今それは大震災という現実を待たずとも、あちこちで明瞭にほころび始めている。テクノロジー神と併立して、ヒンドゥの自然神達、タイの民族神達、日本でいえば神道アニミズム神達が、起こるべくして起きてくる時代なのだと言わざるを得ない。

# 水の女神アーパス

(一)

雨水《うすい》節

アオモジノハナガ　咲イタヨ
とお散歩から帰った　海ちゃんが言う
ソウカ　スバラシイネェ
雨水ダネェと　私は答える

木イチゴノハナモ　咲イテイタヨ
とお散歩から帰った　すみれちゃんが言う
ソウカ　スバラシイネェ

雨水ダネェと　私は答える

キブシの花も咲いていたよ
とお散歩から帰った　妻が言う
そうか　すばらしいねぇ
雨水ダネェと　私は答える

ウスイ　ッテ　ナーニ
ウスイ　ッテ　ナーニ
子供達は　それぞれに訊《き》く

雨水《ウスイ》というのは　カミサマのこと
雨水《ウスイ》のカミサマが
花をみんな咲かせるんだよ

私にとっては
今年も　雨水の花はハクモクレンで
ひとつだけ開いたハクモクレンが

カミであり　本当のいのちであった

## (二)

リグ・ヴェーダには、先に挙げた雨神パルジャニアとは別に、水の女神アーパスが讃えられてある。パルジャニアが、「戦車を御する者のごとく鞭《むち》もて馬を打ちつつ、彼は雨の使者（雨雲）を現わす。獅子の叫びにまごう雷鳴は遠方より起こる、パルジャニアが雨雲をつくるとき」という讃歌に見られるように、男性神格で荒々しいモンスーンの有様を示しているのに対して、アーパスは女性神格であり、湛えられてある水、静謐な水、動くとしてもゆるやかに動く清らかな水の性質である処に特徴がある。

「海を首長とし、天上の大水《たいすい》の中より、アーパスは身を清めつつ、休むことなく来たる。そがためにヴァジュラ（金剛）もつ牡牛・インドラが道を拓《ひら》きたる、かかる女神アーパスは、ここにわれを支援せよ。」

「天的大水、あるいはまた流るる水、掘りいだされたるもの、おのずから生じたるもの、海をめざし、清く澄みたる水、かかる女神アーパスは、ここにわれを支援せよ。」

「その中央に王者ヴァルナが、人間の真実と虚偽とを見下ろしつつ進む水、ソーマ（蜜）を滴《したた》らし、清く澄みたる水、かかる女神アーパスは、ここにわれを支援せよ。」

「アーパスよ、運び去れ、わが身のいかなる過失をも、またわが犯したる欺瞞をも、あるはまた偽りの誓いをも。」

㈢

ここに讃えられているアーパスは、春の小川のような、あるいはまた春の絹雨のように優しい水であり、水の善と美と浄化作用がそのままアーパスという女神に人格化されているということが分かる。雨水節に天からもたらされる水は、春は名のみのまだ冷たい雨であるが、そうであるにもかかわらず、雨水という優しい呼び名が示しているように、その奥に確かに一滴の春を含んだ特別の雨であり、水であることが私にも感じられる。

雨水という呼び名は、それに先立つ氷雪の季節が峠を越して、氷が水となり雪が雨に変化してゆくという意味において定められたようであるが、その時節を「雨水」と名づけた古代中国の感性と、水の善と美と真を抽出してそれをアーパスという女神の名で呼んだ古代インドの感性とは、同質といってよいほどに通底しているものであることが感じられる。

水を神と観じ、雨を神と観じ、山や川を神と観る感性を私達は一般にアニミズムと呼んでいる。そして一般的にアニミズムは、私達にとっては過ぎ去った宗教形態であり、未開民族や原始民族と呼ばれる人々の特有の宗教形態であるとされている。

アニミズムは、現代においても私が「雨水」とその名を呼び、「春の小川」とその名を呼べば静かに力強く生きているのだから、決して未開思想でも原始思想でもないのであるが、最近、ひとつの歴史の見方を学んで、その見方によればアニミズムはますます過去のものではないと思うようになった。

人類がホモ・ハビリスとして類人猿から猿人に変化してきたのは、ほぼ二五〇万年前というのが今のところの人類学の推定である。人類の歴史の二五〇万年というスパンにおいて見る時、その終わりの一万年という年月は、二五〇対一という比率において、DNA遺伝子が伝える時間的な情報として、歴史的過去であるのではなくて、むしろ「現代」であるのではないか。

二五〇万年の間、人類は様々な経験を、つまり歴史を積み重ねてきて、最後の一万年つまり「現代」に到って、終《つい》に「神」という認識を持った。リグ・ヴェーダにおいて、天的大水《たいすい》、流るる水、掘り出された水（井戸）、おのずから生じたる水（泉）、海をめざし清く澄みわたる水が、ただの水ではなくて、女神アーパスであると認識されたのは、それ以前に存在した二四九万年の人類の幸福と平和への願いと営みの結果であった。リグ・ヴェーダの時代の詩人達《うたびと》が、高らかに自然の事象を詩うのを聴いていると、私にはそんな途方もない歴史の見方さえ思われてくる。

# 第二章

# 暴風雨神マルト神群

㈠

今年もよく桃の花が咲いてくれた。

二月の中旬からぽつぽつと咲きはじめて、三月三日のひな祭りの日には、花かずはまだわずかながら、そのひと枝を折り採って花差しに活けることもできた。

春分の日は大雨で、次の日は風が強く、せっかく咲きそろった観のある花が散らされてしまうのではないかと気がかりだったが、二三日の朝起きてみると、ひとひらの花も散っていず、桃の木はまさしく満開に、みっしりと咲き静まっていた。

花が満開という勢いにある時は、大雨も風もそれを散らすことはないのだと知った。二三日、二四日、二五日と、花びらがひとひらも散らず、みっしりと咲き静まっている日がほぼ三日間つづいた。

朝ごとに私はその桃の木の下に立ち、しばらくじっとして花の精気を浴びることを楽しんだ。花に精気などないという人もあるかもしれないが、なにもない青空のもとに立つ時や、椎《しい》の大木の下に立つ時と比べてみれば、そこは明らかに咲き静まった満開の桃の木の下であり、そこにしかない気、精気が音もなく降りそそいでいるのである。

うつむきかげんの姿勢で、しばらくそこで精気を浴びることを楽しむと、次には目で楽しむために、木の全体がよく見える光線の位置に体を移して、そこにしゃがみこんで眺めた。最初は立ったまま眺めていたのだが、立ったままではなにか落ちつきがない。そこでしゃがみこんでみると、ヨーガのアサナではないが、それが桃の花を見るには一番しっくりする姿勢なのだった。

㈡

「マルト神群は、風を打倒力とし、雨を美服とし、双生児のごとく互いに酷似し、美々しく飾らる。黄色の馬を持ち、栗毛の馬を持ち、汚点なく、勝れたる威力に富み、その偉大によりて天界のごとく広大なり。」

「汝らは、天界より、山岳より、祭祀する者のために財宝を揺り落とす。樹木は身を屈《かが》む、汝らの行進に対する恐怖により。汝らは大地を動揺せしむ、プリシュニを母とする者たちよ、恐るべき汝らが、美観のために、斑《まだら》ある羚羊を車につなぎたるとき。」

「ああ、勇士マルト神群よ、われらを憐れめ、強力なる賜物を持つ者よ、不死者よ、天則を知る者よ、真実を聴く者よ、詩宗よ、若人よ、高らかに成長しつつ高き山に住む神群よ。」

マルト神群は、暴風雨神ルドラを父とし、牝牛プリシュニを母とする複数神であるが、彼ら自身も父と同じく暴風雨神である。ただしマルト神群は、若く美しく、輝く力を持っていることが特徴で、ルドラに比べると吉祥の要素がより強いように感じられる。

暴風雨にも、決定的な破壊をもたらす強大なものと、破壊ももたらすが活気ももたらす若い暴風雨とも呼ぶべきものがあるが、マルト神群とはそのような適宜な暴風雨の神格化であったのかもしれない。

同じ風は二度と吹かないし、同じ雨も二度とは降らない。雨も風も、その日その日によって異なり、一日一日に趣がちがう。ある程度以上の風雨となれば、私達はそれを暴風雨と受け止めるが、その実状はやはり千差万別で、マルト神群的なそれもあれば、大神ルドラのお出ましだと感じることもある。風雨という自然現象ひとつだけを観ても、アニミズムの感性からすれば、そこには千のカミガミがそれぞれのちがいにおいて宿っていることを思うのである。

㈢

マルト神群に属してはいないが、私達のアニミズムからすれば、そよ風、と呼ばれるひとつのやさしい風の風景があり、カミの呼び名がある。

大震災に引きつづいて東京の地下鉄サリン事件が起こり、社会不安はどこまでも深まりそうな昨今であるけれども、そのような現実であるからこそ逆に、深い慰めとして、あるいは癒しとして、あるいは希望としての、そよ風、というカミが、私の身心において甦り吹くことが求められている。

道わきにしゃがみこんで満開の桃の木を眺めていると、桃の木は花のかたまりであると同時にやさしさのかたまりであり、それはまた、春のそよ風のかたまりでもあることが感ぜられてくる。

眺めている内に、ひとつの了解が訪れてきた。それは、桃の木を眺めている今のここがそのまま桃源郷と呼ばれる場なのだった、という了解であり、そうであるからには、一本でも桃の木がありその木に花が咲いているならば、そこはどこでも桃源郷であるのであり、桃源郷はこの世のどこにもない夢の場所なのではなくて、この世のどこにでもある桃の木と人との関係の風景なのだ、ということであった。

震災地をどう復興するか、サリン事件のような宗教的な犯罪にどう対処するか、もとより私などに良案があるわけではないが、一本の（一〇〇万本の）桃の木を植えるという施策と、その桃の木に桃源郷を見る心性の、両面の方向性が大切にされるならば、そこに癒しと恢復と、希望さえも存在することは確かである。

アニミズムは、島に住む私のようなものを再生させる力を持つばかりでなく、東京や阪神のような大都市を、人間の生活する場としてもう一度見直す時に、より大いなる力を発揮するものだと思う。

それにしても、わずか三日間の満開の花時は過ぎ、三月も末になった今は、風も吹かないのに花びらが散り、家の前はいちめんにその花びらに敷きつめられている。敷きつめられた花びらの風景もまた、桃源郷と呼ぶにふさわしいそれであった。

# 河神ナディー

㈠

この四月二〇日から二六日にかけて、京都の法然院の講堂で、「夢を編む」というタイトルの小さな催しが持たれた。

これは、奈良市で有機無農薬野菜の八百屋「ろ」を経営する高橋秀夫さんが書いたエッセイを、同じく奈良市在住の松本碩之さんという現代書家が全文毛筆で書いて、墨字画本「いろはにほへと」として出版したのを契機にして、その原画墨字を展示することを中心に行なわれた催しである。

高橋さんとも松本さんとも親しいことから、私も呼ばれて詩の朗読と話をすることになり、久しぶりに法然院に行ってきた。

ごぞんじの方も多いと思うが、法然院は、東山三六峰の内の善気山という山の山裾に在り、京都の寺院でありながら深閑とした森の寺院の趣があって、私としては大変好きなお寺のひとつである。

法然院への道は、これもよく知られている、哲学の道、と呼ばれている道を通ってゆくので、二二日と二三日の二日間は私はその道をゆっくりと散策するように歩き、道沿いに流れている疎水やヤマブキの花、ドウダンツツジ、名残りの桜などの風趣を楽しみながら、法然院へ通った。その時に感じたことは、もしそこに幅三メートルほどの小さな流れながら、疎水のように流れている川が存在しなかったならば、その道に「哲学の道」というネーミングはあり得ず、そのネーミングが成り立っているのは一にかかってその小さな流れに依っているのだ、という思いであった。水というもの、川というものがどんなにささやかなものであったとしても、それがそこを流れている時、人は哲学と呼ばれるひとつの感情をおのずから持つことができるものなのだ。

(二)

リグ・ヴェーダにはまた、ナディー（河神）の歌、というものが登場してくる。

「水よ、汝らの比類なき偉大を、詩人は高らかに宣《の》らんとす、ヴィヴァスヴァット（最初の祭祀者）の座にありて。彼ら（河川）は、七条《すじ》ごと三重に流れいでたり。奔流する諸川の中にありて、シンドゥ（インダス河）は力により、これらの先頭に立ち、これらを凌《しの》ぎて進む。」

「ヴァルナは汝のために道を切り拓けり、進行のために、シンドゥよ、汝が勝利の賞に向かって走りいだせるとき。汝は地より発し、その背を越えて進む、流動する河川の先頭に立ちて導くとき。」

「わがこの讃頌《さんじゅ》に随行せよ、ガンガー（ガンジス河）よ、ヤムナー（ジャムナー河）よ、サラスヴァティー（聖河）よ、シュトゥドリー（サトレッジュ河）よ、パルシュニー（ラーヴィ河）

よ。耳傾けよ、マルドヴリダー（カシュミールのマルワルドワン河？）よ、アシクニー（チェナーブ河）、ヴィタスター（ジェラム河）と共に。アールジーキーヤーとスショーマー（ソーハン河？）と共に。」

（　）内も辻直四郎訳

㈢

河神《ナディー》としてのそうそうたるインドの大河のあとに引き出すにはあまりにも小さく、河はおろか川と呼ぶのもためらわれる哲学の道沿いの疎水であるが、そのほとりをゆっくりと歩きながら私がまた思ったことは、もしそこを流れている水が飲める水で、道のところどころに流れへとくだる石段でもあるならば、その道はいっそう哲学の道と呼ぶにふさわしい道となり、哲学というものと水というものが別の次元のものではないことに思い到る契機になるだろうに、ということであった。

京都市民が、あるいは左京区のその地域の人達がその気になりさえすれば、東山の山裾という絶好の地理的条件の場所だけに、その流れの水を飲める水に戻すことは、大した困難ではないと思う。

そのようなことを思い、またここに記すのは、この頃の私は、日本中のすべての川を飲める水の川に戻したい、という途方もない個人的な願いを抱きはじめているからである。

阪神淡路大震災以来、防災都市の論議が盛んになり、それはそれで大切なことだとは思うが、震度八の激震に耐える鋼鉄の都市を構想してゆくだけではあまりにも生命の夢に乏しい。そのことに併行して、そのことと同じく大切な構想として、日本中のあらゆる地域のあらゆる河川の水をそのまま飲める水に戻す、という一大プロジェクトが、現実のものとして発足されるべき時がきていると思う。

地球にやさしいとか、環境保全ということはすでに私達の常識であり、生き方の前提でさえあるが、さらに一歩を進めて、私達が開発してきた最先端の技術を、飲める河の水の再創生という方向へ活用してゆく時がきている。技術に先立って私達の意識の側からも、すべての河ないし川の水は、水浴びできるべきであり、泳げるべきであり、飲めるべきである、という百年前まではあった常識を取り戻してゆく必要がある。

百年かけて壊してきた私達の環境だから、再創生するにも同様の年月が必要かもしれないが、阪神淡路大震災の犠牲が生々しい今であるからこそ、飲める水という意識の恢復とその実現への具体的なプロジェクトの発足が促されているのだと思う。

京都・東山山麓の哲学の道は、川とも呼べぬほどのささやかな流れに沿っており、京都という大都市にあっては恩寵とも呼べるほどに閑静な、憩いのある道である。生命を生みだしたものが水であり、水はそれゆえに何よりも眼に見えるカミであるのだから、まずは哲学の道沿いの疎水から、飲める水という願いと認識が具体化されることを、希望とするのである。

# 大河の神サラスヴァティー

㈠

ほおづきの白い花が咲きはじめた。

何年か前に一株友人のところからもらってきて移植したのだが、繁殖力の旺盛な植物とみえて、特別に手を掛けるわけでもないのに年々に繁殖して、今では雑草に負けない一勢力として庭の一角を占めるようになった。

ほおづきの花を見ていたら、どういうわけか川の水を直接に飲みたくなり、久しぶりに谷川にくだってその水を手ですくって飲んだ。飲める水が流れている谷川のほとりに住んでいても、その水を水道に引いて日常的に使っていると、実際に谷川にくだってそこから水を飲むことはあまりしなくなる。

ほおづきのひよわな白い花に触発されて谷の水を飲んでみると、谷水というものがカミであり、谷川というものがカミであることが、あらためて理屈ぬきに実感される。ここでカミというのは、私にとって根源的に、また普遍的に善いものであると感じられるものの、私なりの普通名詞としての呼び名である。

谷の水はうっすらと甘く、おいしい。谷の水はすがすがしく、おいしい。谷の水はなにかしらいい難い元気を私に与えてくれる。谷の水は、「根源」という感情に充分に耐えうるだけでなく、かえってその感情を指し示しさえしてくれる。

㈡

リグ・ヴェーダ讃歌においては、前節のナディー（河神）にひきつづき、そのナディー達のうちのひとつであるサラスヴァティー河が、独立の女神として讃えられている。

サラスヴァティーという名は「水に富む」という意味だそうで、当時は豊かな大河であったはずだが、現在のインドには同名の河は存在しない。サラスヴァティー女神は、後には言語《ヴァーチュ》の女神とも同一視されるようになり、現代のヒンドゥ教においても大切にされている神々のひとつになった。日本にまで伝えられ、〈弁才天〉として祀られているのはよく知られていることである。

「諸川の中にただ独《ひと》り、サラスヴァティーはきわだち勝《まさ》れり、山々より海へ清く流れつつ。広大なる世界の富を知りて、ナフスの族《うから》（人類）にグリタと乳とをいだしきたれり。」

「かの名高き、恵み深きサラスヴァティーは、この祭祀において、快《こころよ》く享《う》けてわれらに耳傾けんことを、膝を直《す》ぐ立てる頂礼者《ちょうらいしゃ》により祈願せらるる女神は。彼女は富を伴侶とし、あらゆる他の河川に勝る。」

(三)

膝をまっすぐに立てて、サラスヴァティー河としての女神を頂礼する、三〇〇〇年以上の昔にこの世の呼吸をしていた、ヴァシシュタと呼ばれる詩人・祈禱者の風景が、山々より海へ青く流れくだる河の風景とともに、快く甦ってくる。

河に祈ってなんの善いことがあろう、祈りなどそもそもオウム真理教と同じであり、従って、サリンと同じものだというとんでもない風潮が、今は日本列島を吹き荒れている。困ったことになったものだが、河のほとりに立ち、山々より海へ青く流れくだる河を讃え、そこに祈る気持は三〇〇〇年の昔も今の私も変わりがない。

川のほとりに立ちつつ、私がこの頃考えているのは、地球市民という言葉と地球の村人という言葉の対比、あるいは相応についてである。

地球市民という言葉と、地球の村人という言葉を並べてみると、言葉としては前者に光と力があり、私達はこれから地球市民という言葉の光の方向へ意識と身体を傾けてゆくのだ、と感じる。今はじまったばかりの地球という時代は、何よりもテクノロジーによってもたらされたものであるから、テクノロジーの発生地である都市に由来して、私達の新しい時代(一日一日の生活の具体)を地球市民の時代、と呼ぶのである。地球市民の名において、国家制度とテクノロジーの行き過ぎを警告し、生態系の生態性を高め、地球上の飢えと病を解消してゆく。

地球市民という概念は、私達を内部から突き動かすある光と力を持っていて好ましいが、地球の村人という言葉、概念、風景についてはどうであろうか。二〇世紀の前半までは、〈世界〉という言葉で呼ばれていたリアリティが、この二〇～三〇年の間に少しずつ〈地球〉へと概念変化してきたのであるが、そもそも自分は、その中にあって地球市民なのだろうか、地球村人《むらびと》なのだろうか。

そのような問いを、自分の世界に対する態度（哲学）として考えてみると、私の場合は自分を地球市民と呼ぶよりは、地球村人と呼ぶ方がよりふさわしく、より落ちつくと感じる。

地球市民という言葉が真に成立するためには、その前提として地球の全体が大小の差はあれ都市化し、全人類が都市の住民であることが必要であろう。地球上が都市におおわれた時、地球市民という言葉が真に成立するのだとすれば、それはおそらく地球市民の破滅であり、人類の終わりとなるほかはないだろう。

同様に、地球村人という言葉が普遍性を持つためには、都市は消滅せねばならず、〈地球〉という認識を可能にしたテクノロジー自体も論理的には消滅してゆくことになる。

私自身は、自分を地球村人という場におくけれども、それは地球市民という光を否定することでは少しもない。両者は、これまではどちらかといえば反目し合っていたのだが、〈地球〉という認識そのものがその反目の無意味性を告げている以上、村人は市民を包み、市民は村人を包み、共通の眼に見える地球というカミを祀ってゆくことが今の課題であり、これからの課題でもあるのだと思う。そこで自分をも含めた地球市民に提案することは、地球上のすべての河の水を飲める水に、特にすべての都市の川の水を飲める水にと、本気で願うことをはじめよう。

# 水神アパーム・ナパート

㈠

沖縄にはスーマンボースという季節の呼び名がある。

スーマンボースは小満芒種《スーマンボース》で、小満《しょうまん》節は五月二一日頃から六月五日頃まで、芒種《ぼうしゅ》節は六月六日頃から六月二一日頃までの各一五日間を呼ぶ二四節気の内の名前であるが、合わせて約三〇日間のこの両節気が沖縄では梅雨期に当たる。それゆえにスーマンボースは沖縄の梅雨の代名詞で、スーマンボースという呼び名において沖縄の人達は私達ヤマトンチューの言う梅雨を過ごすわけである。

梅雨期を梅の雨の季節と呼ぶことはひとつのアニミズムであり、それはそれで美しい良い呼び名であると思っているが、二四節気の呼び名をそのまま生かして、スーマンボースと直接呼びきった沖縄のアニミズムは、私にはより深くより美しいものとして感じられる。

スーマンボースが終わると夏至節である。今年（一九九五年）であれば六月二二日から。そして翌二三日は、沖縄戦が二三万四千人もの犠牲において終わった慰霊の日と定められ、今年は終戦五〇周年であるから、新たな悲しみにおいてその深すぎる悲惨が祀られている。

全犠牲者の名を石に刻印した、平和の礎《いしじ》、と呼ばれる石碑群が除幕されたニュース等に耳を傾けていると、同時にラジオはその日沖縄地方の梅雨が明けたことを伝えていた。スーマンボースが終わって夏が到来し、その光の中で、二三万四一八三人の名が刻まれた、平和の礎《いしじ》が永遠（今）に向けて除幕されたことに、私もまた深く悲しみつつ賛同するものである。沖縄の歴史に、またひとつ、平和の礎《いしじ》、という現代のアニミズムが刻みこまれたのである。

㈡

リグ・ヴェーダにはひきつづき、アパーム・ナパートという水神が登場してくる。アパーム・ナパートは「水の子供」と訳出されるが、水の子供である彼はなぜか火神アグニの一形態と見なされ、水の中の火神《アグニ》の特相を示すものとされている。

「この若人（アパーム・ナパート）を浄め飾りつつ、笑《え》むことなき厳粛な乙女たちなる水は、彼を回《めぐ》りて行く。彼は浄光を発し、強烈なる炎もて、常に財宝ゆたけくわれらが上に輝けり。薪《たきぎ》なくして水中に燃え、グリタ（火神）を衣とする彼は。」

「実《げ》にアパーム・ナパートは斜《なな》めなる水の膝に上れり。みずからは直《す》ぐ立ちて、電光を身にまとう。彼の最勝の偉大を運びつつ、黄金《こがね》色なす若き乙女たち（水）は、彼を回《めぐ》りて行く。」

「この最高の居所に止住し、いかなる時にも汚れなき炎もて輝く彼を回《めぐ》りて、若き乙女なる水は、みずから外衣をもって飛ぶ、アパーム・ナパートに食物としてグリタを運びつつ。」

これらの讃歌（祈りの言葉）を味わってみると、アパーム・ナパートと呼ばれる神が、どうして火神と同一視されるのかが分かってくる。これはもちろん私の推量であるが、輝く太陽を受ける澄んだ水面、あるいは水の中には、きらきらと輝く無数の光の子供にして水の子供たちでもある者がいる。

その場所がインドのような暑い場でればあるほど、また日本であれば梅雨が明けて、真夏になればなるほど、水の子供にして光（火）の子供でもあるアパーム・ナパートはその輝きを増し、私達に無償の歓喜をもたらしてくれる。

㈢

一年を二四節気七二候に分けて観る太陰太陽暦（旧暦）が始まったのは、殷《いん》の時代の黄河下流地域とされているから、今からおよそ三五〇〇年前ということになる。くり返すことになるが、一方でアリアン人がインド北方のパンジャーブ地方に移動してきて、リグ・ヴェーダを編みはじめたのが紀元前一五〇〇年頃であるから、同じくこれもおよそ三五〇〇年前の出来事ということになる。

三五〇〇年前の中国人達が、ひとつの季節を小満と名づけ、また芒種（稲科の種を下すの意）と名づけたことを私はアニミズムと見るのだが、同じく三五〇〇年前のアリアン人達が、水面や水中に輝く無数の光の粒子たちをアパーム・ナパート、水の子供の神と呼んで讃えたことも正真正銘のアニミズムにちがいない。

小満節芒種節というカミは、スーマンボースとして沖縄で生きているだけでなく、それを掘り起こして気づきさえすれば、ヤマトンチューである私達においても、なおカミとして生きつづけている。

アパーム・ナパートというカミに夢中になって、そこに時を忘れるのは水遊びする子供たちだけではない。川辺にたたずんでそれを観想する時、私達大人の現代人たちもまた、そこに調和され、そこに溶解されている自分を見出すことができる。

アニミズムは、それがいつわりのないアニミズムである限り、そして地球という私達の母体であり主体であるものが存続する限り、不変の善い思想でありつづけてやまない。

五〇年前の四月、五月、六月、沖縄において県民の三分の一が虐殺されるという悲惨が引き起こされた。その目も眩むほどの悲しみの底から沖縄人は立ち上がり、今にして、平和の礎《いしじ》、と呼ばれる悲しみの石碑群の幕を開いた。それと同時にスーマンボースも明けた。

屋久島はまだ梅雨《ながし》のさなかで連日ざばざばと雨が降りそそいでいるが、その雨の中ではるかに沖縄を眺めると、その地はもう無数の光の子供たちが輝くアパーム・ナパートの郷《くに》である。「彼は浄光を発し、強烈なる炎もて、常に財宝ゆたけくわれらが上に輝けり、薪《たきぎ》なくして水中に燃え、グリタ（火神）を衣とする彼は」と、讃えられてある郷《くに》である。

# 天地の神ディアーヴァー・プリティヴィー

(一)

「サバニ・ピースコネクション」と名づけられたクルーの一行が、七月一五日に屋久島の安房《あんぼう》港に入港した。

「サバニ・ピースコネクション」は、沖縄の歌手喜納昌吉が提唱した終戦五〇周年の平和祈念のイベントで、〈あらゆる武器を楽器に〉というコンセプトをかかげて、五月に沖縄の最南端の与那国島をサバニで漕ぎ出してきたものである。

沖縄・奄美には、サバニと呼ばれる伝統的な手漕ぎの小さな木船があるが、それを島から島へと漕ぎついで、与那国島から鹿児島の山川港まで約二〇〇〇キロの海を渡り、八月六日の広島、九日の長崎の原爆の日に、非核と世界の恒久平和をアピールしようという計画である。

安全のためにむろん伴走船が同行し漕ぎ手もリレーされるのだが、五月から六月にかけての沖縄の梅雨のさなかを漕ぎのぼってくるのだから、当初は七月上旬に屋久島へ着く予定であったのが、一〇日あまり遅れてようやく一五日に安房港へ入港した。

安房の町では、漁協の青年部を中心にした歓迎の集まりが持たれ、一日おいて一七日にはサバニは同じ屋久島のさらに北寄りの港である宮之浦へと入ってきた。その日の夜、宮之浦の町でもやはり歓迎の集まりが持たれたので、私も家族揃ってそこに参加した。

㈡

リグ・ヴェーダには、当然といえば当然であるが、天地両神というものも讃えられてある。天なる神をディアウス（Dyaus）と呼び、地神をプリティヴィー（Pṛthivī）と呼び、通常両者は合わせてディアーヴァー・プリティヴィーと呼ばれている。

「実《げ》にこれら天地両神は万物に幸いし、天則を守り、空界の詩宗（太陽）を維持す。麗《うるわ》しきものの生む、神聖なるこの両界のあいだを、清浄なる神太陽は、規範に従って進む。」
「広く拡がり、偉大にして尽くることなき父と母とは、万物を保護す。天地両界はいと奔放なり、美しき婦女のごとく。父なる神が色美しき形をもって彼らを装《よそお》いたれば。」
「活動力ある神々の中にありて最も活動力あるこの神、万物に幸いする天地を生める神、勝れたる賢慮によって両界を測り分かちたる彼は、朽つることなき支柱をもって、天地を固めたり。」

夏目漱石が〈則天去私〉とつぶやき、棟方志功が〈足裏の土踏む力、大地こそわが観世音菩薩〉とつぶやき残したように、古代感覚を失いつつある現代の日本人にあっても、天地を神とする感性はまだ継続されており、日本だけでなくキリスト教を最深部の支えとする欧米諸国においても、天地両神というこのアニミズムのカテゴリーから完全に脱けきってしまったわけではない。

およそ地球上の民族で、天地両神を神として感受してこなかった民族はひとつもなかったと思うのだが、リグ・ヴェーダでもやはりその呼び名そのものにおいて呼ばれていることが、私にはうれしい。

特にディアウスという天神の呼び名が、ギリシャ神話のゼウス、ローマ神話のユピテルと語源的に同形であることが興味深い。リグ・ヴェーダの言語は、それを形成したインドアーリアン族の言葉であるから、アリアン（ヨーロッパ）族の言葉と共通していて当然なのだが、アジアとヨーロッパが同じ言霊としての天において、それを呼んでいたことはやはり興味深い。ただし、ギリシャ・ローマ世界においてゼウス・ユピテルが大神の位置を獲得したのに対して、インドにあっては、ディアウスはその位置を占めることなく、代わってインドラ神（帝釈天）がそれを占めた。

㈢

天なる父なる神、地なる母なる神と両界を測り分かって見ると、海は当然のことながら地なる母なる神の領分である。

七月一七日の夜に、宮之浦の公民館で催された「サバニ・ピースコネクション」の歓迎会に参加した私は、そこでそれこそ真黒に日焼けした十数人の漕ぎ手達に会った。沖縄からずっと漕ぎのぼってきた若い人達で、それでなくとも海のスピリットの濃い沖縄人《ウチナンチュー》が、二〇〇〇キロもの海を渡ってきたことでますますそのスピリットを強め、近くにいるだけで圧倒されそうな雰囲気を放っていた。

屋久島側からは郷土史料収集家の山本秀雄さんという方が、屋久島と沖縄との歴史上の主な関係について話をし、青年団の人達が「亀女踊り」という屋久島の歌と踊りを披露した。

それに対してクルーの側からは、クイチャーと呼ばれる宮古島の歌と踊りが披露された。これはサンシンと指笛による、すぐにでも手足の動いてしまうリズムで、クイチャーが始まるや、屋久島側の人達もあっというまに総立ちになって、その歌と踊りに巻きこまれていった。

〈あらゆる武器を楽器に〉というコンセプトは、世の現実家たちからすれば百年の後には来るかもしれない理想であるかもしれないが、現にこうして二〇〇〇キロの海を手漕ぎで渡り、体を休める暇もなく夜には歌い踊っている若い人達がいる。

広島・長崎、そして大半の日本人は今でも、非核・恒久平和という強い願いを持っているのであるが、沖縄人《ウチナンチュー》こそは、県民の三分の一が虐殺された過去において、また現在においても海を神とし、大地を神とし、天を神とするアニミズムの深さにおいて、恒久平和ということを最も強く願っている人達であることを、私は常々感じている。クルーの宮古島クイチャーは、それをまた改めて実証してみせてくれたのであった。

# 森の女神アラニアーニー

㈠

森には精霊が住んでいる、というと、人はそれは昔の物語り世界のことで、今は森にはたくさんの樹々といい空気があるばかりだと、言うかもしれない。

森の精霊というと、いかにもありそうではあるが実際にはそのようなものは存在せず、それは人間の想像力がもたらした古いロマンのひとかけらであるとするのが、大方の良識というものであろう。けれども私は、森にはやはり精霊が住んでいる、と感じる。もう何年も前のことであるが、ある月のない夜に家を出て、星明かりのもとで家を取りかこむ森に向けて、「精霊よ！　精霊たちよ！」と心から呼びかけたことがある。するとその時、風もないのに森は不意にざわめき、その暗がりの中でひそかに息づいている無数の精霊たちを実際に感じて、身を震わせた。

その時知ったことは、人が真実にそれに呼びかけるならば、精霊は単に存在するだけでなく、それに答えてくれる、ということであった。客観科学が実証し得ない領域を主観的に認知実証してゆくこういう方法論は、ともすれば幻想になりがちであるからあまり言いたてる気持にはなれないが、そういう領域が人間にも自然存在の内にも秘められていることは、客観科学も認めざるを得ないだろう。けれども今ここで、森には精霊が住んでいると私が感じるのは、そのような主観的な道すじによるのではなく、森の無数の樹々の一本一本、樹々の下ばえを形成する小木や草のひとつひとつ、さらにその間にひそむ小さな動物たち、さらには突然姿を現わす大きな岩石のような非生物たちでさえが、そのままの姿においてそのまま精霊たちなのだ、ということなのである。

一人ひとりの人間が魂を持った人間であるように、森の樹々の一本一本はそれ自体が精霊そのものである樹木であり、全体として森という大きな生きた精霊体を形成している。

(二)

リグ・ヴェーダにおいては、森は女神アラニアーニーとして讃えられる。

アラニアーニーは、リグ・ヴェーダにおいてさして重要な神格ではなく、それに捧げられた讃歌もわずかであるが、森自体を女神ととらえたインドアーリアンの感性には、照葉樹林に育てられた私達日本人の感性と深く共通しているものがあることが感じられて、うれしい。

「森の女神よ、森の女神よ。今や姿も見えがてなる女神、汝《な》れいかなれば人里を尋《たず》ねざる。汝《な》れは恐れを感ぜずとてか。」

「人ありて牛を呼び、また人ありて木《き》を伐りつ。たそがれて、森の女神に宿かる者は心に想う、誰かありて叫べりと。」

「森の女神は害《そこな》わず。他の人の近づかざるかぎり。甘き木《こ》の実《み》を味わいて、人は心ゆくまで伏し憩う。」

「香油の薫り馥郁《ふくいく》と、鋤《す》かねど食《しょく》はさわなせる、百獣の母、森の女神を、われ今ここに褒《ほ》めてけり。」

イラン・イラクの半砂漠地帯から移動してきたインドアーリアンにとって、森は新たな豊穣の地であると同時に、百獣のひそむ危険極まりない地でもあったにちがいない。危険性と豊穣性の半ばする森を、百獣の母の名において包括し得たところに、以後のヒンドゥ文化の森との共生性の基盤があったと思う。

㈢

インド文明、あるいはヒンドゥ文化というと、私達は一般にそれをサブカルチャー（副次的文化）と受け止め、ある種の変わり者が興味を持つ多様性の中のひとつの領域と見なされているのが現状であろう。

それはそれでかまわないのだが、私がウパニシャッドからリグ・ヴェーダへとインドの精神現象を遡《さかのぼ》っているのは、そこに〈世界思想〉とも呼ぶべき、新たな世紀を準備する普遍的な思想の種子、あるいは骨格を感じ取っているからである。

私達の時代は、日本を含む欧米世界だけが世界であった時代を、とうに通りすぎてきた時代である。

私達が今世界と呼ぶとき、それはニューヨークやパリであると同時に当然アフリカの無数の村々であり、東南アジアの村々であり、東京であり、屋久島である。

思想は、もとより世界が平和であり幸福であることを願う思想であるから、世界の全体がそれを認めることができ、そこに立ち帰る思想であることが要請される。

民主主義は、人と人とはお互いに敬いあい結ばれあって在る存在であるという大切な原景を欠如した、欠陥のある思想ではあるが、次の百年もなお世界思想として生きつづけるだろう。民主主義は人と人との関係である人倫思想であるが、人と自然との関係を探る環境思想においては、私は、アニミズムこそが最も普遍性をもつものであると考えている。

アニミズムは、宇宙から始まり太陽系となり地球となった自然存在の万物がそのままカミ（最善）であり、さらにその地球上の海や川、山や森、土や砂漠、草原や氷河のすべてがそのままカミ（最真）であるという、基本的な環境認識において成り立っている思想である。

一般にキリスト教は、アニミズムと最も縁を絶った宗教思想のひとつと見なされているが、そのキリスト教においてさえも、天なる父、という大概念においてすでに大いなるアニミズムの枠内にある。

インド思想、あるいはヒンドゥ文化というものが、大枠のアニミズムにおいて包括されるばかりか、それを可能な限りに深化、展開してきたものであることは、リグ・ヴェーダが現在においてもインド思想の最奥の文献であると同時に、経典としての位置すら保っていることからも推察されるのである。

# 火神アグニ

(一)

台風一四号が屋久島をかすめ、九州を斜めに縦断し去って行くと、突然のように金木犀が咲きはじめた。

これまでは葉蔭になっていて、いっこうにそれらしくは見えなかった無数のつぼみが、いっせいに金色のつぶつぶとなって高い香りとともに繁みの表面にせりだしてきた。毎年のことではあるが、金木犀のこの突然の開花にはうれしくも驚かされる。

九月二六日、ちょうど満開になった金木犀の下に立って、香りと花粉さえ浴びるような気持でその木を眺めていると、金木犀という木の内には火が秘められている、という想念が、にわかにわきおこってきた。

昔は二本の木をすり合わせて火を起こしたゆえに、あらゆる木には火が秘められており、従って木は火の両親であるとリグ・ヴェーダには歌われているが、そのような即物的な意味ではなく、金木犀の木の内にはその木の生命としての火が息づいており、その火が無数の金色のつぶつぶとなって、今このように香り高く静かに発露しきっているのだ、という実感がわきおこってきたのである。

金木犀の下に立ち、その感覚を楽しんでいると、おのずからまた想われてくるのは、そうしてそこに楽しんでいる私自身の内にも、その木と同じ生命という火が燃えさかっており、それを現代の言葉で呼べば、生命の場、あるいは生命としてのエネルギーというものにほかならない、ということでもあった。

秋というより大きな場の中にあって、金木犀の内なる火と私の内なる火が溶けあい、一刻の、見るという至福の火が、静かに燃え立つ。

㈡

「火神《アグニ》をわれ呼び讃う、先頭に立てられたる者、神なる祭祀の執行者、もっとも多く財宝をもたらすホートリ祭官として。」

「ブリグの族《うから》（半神の祭官族）は、汝を人間のもとに安置せり。富のごとく貴重にして、人間により呼び求め易き汝を。ホートリ祭官として、火神《アグニ》よ、好ましき賓客として、盟友のごとく神族に好意ある汝を。」

「清めらるることなくして、しかも清浄なる汝は、両親（二片の鑽木《さんぼく》）より生まる。ヴィヴァスヴァット（最初の祭祀者）の快き詩人として、汝は立ちあがりたり。人々はグリタ（バター油）をもって汝を増大せしめたり、供物を捧げられたる火神《アグニ》よ。煙は汝の天に達する旗印となりぬ。」

「火神《アグニ》よ、アンギラスの族《うから》（半神の祭官族）は汝を見いだしたり、木ごとにひそみて隠微《いんび》にかくれたる汝を。かかる汝は、摩擦せられて、強大なる力として生まる。人々は汝を力の子と呼ぶ、アンギラス（アグニの別名）よ。」

㈢

リグ・ヴェーダにおいて全讃歌の五分の一を占め、インドラ神（帝釈天）に次いで多くの讃歌をもって讃えられるアグニは、燃えさかる即物の火であると同時に、先頭に立てられたる者として、あらゆる祭祀に不可欠の祭火であり、火神でありつつそれ自身がまた神々を招くホートリ祭官でもあった。ギリシャ神話において、プロメテウスによって神の火が人間の元にもたらされたのと同じく、リグ・ヴェーダにおいてもマータリシュヴァンという神が「遥かなるところより導き来たれり、神々のもとより奪いたる彼を」と記されていて、過去のある時、その火が人間の火となったことが分かる。また、agni《アグニ》はラテン語の ignis（火）と同じ語源からなっているそうで、インド・ヨーロッパ語族に共通の広がりを持った言葉であることも興味深い。

火《アグニ》がそのまま火神《アグニ》となり、それと同時に祭火ともなる風景を私達は四年ごとのオリンピックや、つい最近ではユニヴァシアード福岡大会で経験している。聖火ランナーによって大切に運ばれる火はむろん火神としての火であり、それから点ぜられて大会の期間中燃え上がる火は、先頭に立って神々を讃える祭火、ホートリ祭官としての火にほかならない。ホートリ祭官というのは、勧請官とも訳される祭祀の役割のひとつで、神々をその場に勧請する神官の呼び名である。それゆえにホートリ祭官は本来は人間であるわけだが、リグ・ヴェーダの表記にあっては、祭火がそのままホートリ祭官に擬せられている。

火がなまの火でありながら、神々を勧請する祭火となり、さらには「三千三百三十九体の神々はアグニを崇めたり。彼らはグリタをもって彼に注げり、彼のためにバルヒス（敷草）を敷けり。しかして彼をホートリ祭官としてその席に坐せしめたり」と歌われているように、神々の中の神そのものとしての位置が与えられていることが、私には何よりも興味深い。

私は、東京の五日市の山中に住んでいた頃から合わせると、もう二五年間も五右衛門風呂を愛用し、風呂の火を焚きつづけてきたが、その火はただの火であり、風呂をわかしてくれる火にすぎないといえばそれだけの火であった。

私はまた、もう三〇年以上もほぼ毎日、祭壇の前に座ってローソクを灯し、線香を焚いてきたが、そのローソクの火は祭火としての火にほかならなかった。

屋久島に移り住んでからのこの二〇年近くは、毎夜眠る前に、部屋の電気を消してしばらくローソクの火だけをともす習慣を持っているが、考えてみるとそのローソクの火は、明かりの火であるよりは神の火であり、すなわち火神としての火に親しんできたのだと思う。

ただの火・祭火・火神。火のこの三つの性質は、いずれもまだ私達の身の廻りに残されているカミとしての火の性質である。さらに火には、アグニ・ヴァイシュヴァーナラ（普遍火）という把握があり、金木犀の火、私の生命の火はその火に属するのだが、そのことについては次節で見てゆくつもりである。

# 普遍火ヴァイシュヴァーナラ

㈠

美しく澄みわたった秋の日がつづいている。特に午前中は澄みぐあいが深く、青い空から黄金《こがね》色の陽ざしが惜しげなく降りそそぎ、畑の中の切株の椅子に腰をおろしていると、ここがそのまま光り輝く浄土であることが感じられる。

私達は死後においても大宇宙、大自然という浄土に還るのであるが、その時にその浄土を認識できるかどうかは分からない。多分できないだろうと推測するほかはない。それに反して今は、この光り輝く午前がそのまま浄土であり、なおかつここが浄土であることを認識することができる。宮沢賢治はどこかで、人間を〈意識を持つ蛋白質〉と呼んでいるが、私達が自らの意識において浄土というものを措定し、なおかつこの十月の最後の日々を、浄土のように美しい日々と呼び得ることは、なんと有難いことであろうか。

おしろい花の名残り、ムラサキツユクサの名残り、ホワイトジンジャーの名残りなど、夏草の名残りもまだ花をとどめている上に、アカマンマ、ツルソバ、タニソバ、キンミズヒキなどの秋草がびっしり咲きだし、ここは畑の中であるにもかかわらず、野の草たちの天国でもある。すべての草たち、すべての花たち、そしてすべての冬野菜たちの新芽に、それが地のものたちであればあるほどしんしんと陽が降りそそぎ、眺めている私もひとりの人間というよりは、意識を持つひとつの植物のような状態に静められる。

㈡

「金色の輝き、金色に輝く車に駕し、常に黄金色を帯ぶるアグニ、水中に坐し、人間のために太陽を発見するヴァイシュヴァーナラ（普遍火）、深く沈潜し、障碍を克服し、威力におおわれ、激烈にしていとも華麗なる彼を、神々はここ地上に安置せり。」

「ヴァイシュヴァーナラ（普遍火）よ、われは汝《な》が制定を常に好めり、それにより汝《なんじ》が人間のために太陽を発見したる制定を。遠く見はらかす神よ。生まるるや汝《なんじ》は、万物・天地両界を満したり。アグニよ、汝《なんじ》はこの一切をみずから包容す。」

「アグニは最初のホートリ祭官（勧請官）なり。この彼を見よ。こは人間の中にある不死の光明なり。この彼は生じたり、不動のものとして座を占め、不死にして、みずから増大しつつ。」

㈢

火神アグニにはいくつかの別称があるが、その中のひとつがこのヴァイシュヴァーナラ、すなわち普遍火としてのアグニである。アグニ・ヴァイシュヴァーナラは、焚き火の火やカマドで燃える火の直接性から解き放たれて、天地万物の内にひそむ不死の火としての性格を獲得する。アグニはまたジャータ・ヴェーダスとも讃えられるが、その意味は、知識から生まれたもの、あるいは知識を生むものであり、後のウパニシャッド時代において人間の語《ことば》は火から生まれるとされた認識を準備している。太陽をはじめとする天地の万物の内にひそむ普遍火という把握、あるいは人間の語《ことば》を生みだす火という認識は、一見すると古代的素朴の認識であるようにも思われるが、その火を現代的にエネルギーと呼びかえてみれば、リグ・ヴェーダのこの把握あるいは認識が現代の宇宙論をも準備するほどに深いものであったことが分かる。

われわれ人間を含めて、この宇宙に遍満しているものを私達はエネルギーと呼ぶのであるが、リグ・ヴェーダの時代の人達はそれをアグニ・ヴァイシュヴァーナラと呼び、不死の火とも呼び得ていたのである。

同様の認識が古代ギリシャの自然哲学者の内からも出てきた。紀元前六世紀のエペソスの人ヘラクレイトスは、「この世界は、神にせよ人にせよ、これは誰が作ったものでもない、むしろそれは永遠に生きる火として、きまっただけ燃え、きまっただけ消えながら、つねにあったし、あるし、またあるだろう」という言葉を残し、世界の根源を火として把握していたことが知られている。リグ・ヴェーダが形をとりはじめたのは紀元前一三世紀前後であるから、ヘラクレイトスより少なくとも五〇〇年は早くそのような認識を成立させていたことになるが、たかだか五〇〇年の年代差などは、それ以前の火と人間の歴史の二五〇万年に比べればあってないようなものだともいえる。

少なくとも二五〇万年の間、人間は火に向き合い、火を使い、火と語り、やがて文字というものを作り出して、その文字によって、火が火でありながら〈普遍火〉であることを、大いなる喜びにおいて留め記したのである。

リグ・ヴェーダの時代にしろギリシャの自然哲学の時代にしろ、私達は一般にそれを古代と見なしているが、人類史の二五〇万年というパースペクティヴからすれば、それらは古代というよりは現代である。

アグニ・ヴァイシュヴァーナラという呼び名やヘラクレイトスの言葉から私が受けるものは、古代の認識ではなくて現代の叡知そのものである。

きまったただけ燃え、きまったただけ消えながら、つねにあったし、あるし、またあるであろう普遍火(宇宙存在自体)としてのアグニ・ヴァイシュヴァーナラ。

畑の中の切株の椅子に腰をおろして眺めていると、咲き静まる赤や黄色の花たち、青や白の花たち、花のみならずすっかり芽の出そろった冬野菜の新葉たちでさえもが、その内部にアグニ・ヴァイシュヴァーナラを宿していることが分かる。

植物たちだけではない。空から降りそそぐ黄金色の陽の光そのものが、まごうかたないアグニ・ヴァイシュヴァーナラであり、私達はそこから生まれ、そこへと還ってゆく自覚存在なのだ。それは、二一世紀どころかもう一万年たっても変わらない真実であると、私は思う。

# カミとしての植物ソーマ

## (一)

リグ・ヴェーダには、ソーマという植物が出てくる。草なのか、灌木なのかもはっきりしないのだが、その茎を石で叩き、液汁を搾り集める。黄褐色の液汁で、ヴェーダの祭式においては最も重要な供物とされていた。

一般に、これはソーマ酒あるいは神酒と呼ばれており、インドラ神（帝釈天）の大好物で、戦闘神インドラはこれを痛飲して悪魔を退治するという神話が古代より流布している。

悪魔といっても、それはリグ・ヴェーダの成立に先だって北西部インドに侵入してきたアリアン人にとっての悪魔で、その実体は色黒のインド原住民達であったはずである。それゆえ、インドラはアリアン人にとってこそ神であり英雄であるが、原住のインド人達にとってはインドラこそは悪魔の最たるものであったとも言える。勝てば官軍の方程式は人類の全歴史を貫いて、悲しいことながら現代にあっても引きつづきその威力を発揮している。

このことについては、インドラ神そのものがリグ・ヴェーダに登場してくる時点で改めて記すのでここでは置き、インドラをインドラたらしめているものが二つある。その一つは武器としてヴァジュラ（金剛杵《しょ》）を持っていることであり、もう一つがソーマを痛飲して勇猛心を獲得するという性質である。

それゆえ、ソーマという植物とその植物から搾り出されるソーマ液は、アリアン人にとっては最重要な祭式の供物なのであるが、その実体は何なのかということがじつは判明していない。一般的に、ソーマ酒あるいは神酒と受け止められているが、それがはたして酒であったのかさえも分からない。

㈡

「われ賢者として、甘美なる活力にあずかれり、好意に富み、最もよく広闊なる空間を見出すソーマに。一切の神々も人間もこれを求めて集まる。そを蜜と称《とな》えつつ。」

「体内に浸透したるとき、汝は無垢《アディティ》の女神とならん、神々の支配力を宥《なだ》むる者として。ソーマよ、願わくは、インドラの友情を享受しつつ、富に伴い来たらんことを、従順なる駄獣の轅《ながえ》におけるがごとく。」

「われらはソーマを飲めり、われらは不死となれり。われらは光明に達したり、われらは神々を見いだせり。今や敵意われに何をかなし得ん。人間の悪意何をかなし得ん。不死なる神ソーマよ。」

㈢

リグ・ヴェーダは全部で一〇巻、一〇二八の讃歌から成り立っているが、その内の第九巻はまるまるソーマ讃歌としてまとめられてある。他にそのような神はいないから、いかにソーマが重要であったかが分かるのだが、先に記したように、その植物の実体が何であるかが現在のところはまだ特定できていない。

先に引いた三つの讃歌から、ソーマを酒あるいは神酒と想定することはたやすいが、酒であるならば、他の場所で比較的詳細に述べられているその製造過程において、発酵、あるいは醸成という言葉が出てこないのがおかしい。ソーマを石で叩きつぶしたり、あるいは杵《きね》で叩きつぶして搾り出される液は、どうやら発酵も待たずそのまま飲まれている様子なのである。

それではソーマは、ガンジャ（麻）のような幻覚作用をもたらす植物であったかというと、それもまた疑わしい。ガンジャがソーマならば、それを吸飲する習慣は現代インドにも引き継がれてあるのだから、ソーマがガンジャであることは明らかすぎるほど明らかでなくてはならないはずである。しかしながらそのような説は、これまでのところ見聞したことがない。

私達にこれまでに分かっていることは、アリアン人が紀元前一五世紀頃北西部インドに侵入してくる以前、インド・イラン共同時代と呼ばれている頃に、その植物はすでにハオマという名で呼ばれていたことである。ハオマ、ソーマの語源は〈搾る〉であるそうで、その植物から搾られた液体が、人間の生理に単に勇猛心をもたらすだけでなく、無垢《アディティ》をもたらし、豊かな詩想をもたらし、不死の光明をさえもたらしたことを私達は知る。

その植物がこれと特定できないことは大変残念ではあるが、ソーマ・ハオマに比較できる植物として、私達は稲というひとつの大いなる植物を知っている。伊勢内宮の祭神が太陽の人格化神である天照大神であるのに対し、外宮の祭神は豊受大神《とようけ》であり、天照と同じく女神であるこの神は稲の化身である。内外宮を併せて伊勢神宮と呼ぶのだから、大和朝廷以来の日本の国家神事は、太陽と並んで稲をこそ祀り讃えてきたことになる。天皇制は、その稲と太陽の威を借りたのである。

稲から醸成される御神酒《おみき》、餅が欠かすことのできない祭儀供物である点は、ソーマと全く共通する。共通しないのは、稲が日本史を通して稲神として祀られてきたのに反して、ソーマはインドの歴史のある時点で途絶えてしまったことだが、それでもなお私のアニミズム関心からすればひとつの共通点として残されるものがある。

それは、改めて記すまでもないが、ひとつの植物が〈大神〉と呼び得るような大いなるカミの位置を獲得したという、歴史上の事実についてである。

私のこの初冬の関心は、ソーマや稲のような一般的なものではなく、じゅず玉草のつやつやと黒く熟れてきた実から豊受《とよう》ける小さな精霊存在であるが、それが小さな存在だからといってカミとは別のものということはない。一〇粒のじゅず玉草の実にも、孤としての私にとっては、無垢《アディティ》が宿り、不死が宿り、不死の光明が秘められているのである。

# 無垢の女神アディティ

㈠

屋久島のような離島にあっても、冬至の日につづいてクリスマスが来、それが終わるとやがて大晦日が来る。

日本中のどこも同じことだと思うが、冬至の日が来、クリスマスが来ると、歳の暮れは一挙に押しつまり、押しつまったということがどうしようもない事実として実感されてくる。

毎年思うことであるが、冬至とクリスマスと大晦日、あるいはお正月という区切りの中で、自分にとって一番意味のあるのはどの日かというと、やはりそれは大晦日、お正月とつづく二日間である。日本人である私には、やはり新年という比重が一番重い。その次が冬至の日で、クリスマスは残念ながら私の中では最も比重が軽い。

けれども、この三つの祝日がこの時期にたてつづけに訪れてくるのは、もとより偶然のことではないはずである。ヨーロッパの民俗学がクリスマスをどう解釈しているか不勉強で私には分からないが、キリストの生誕以前から冬至の日というものはあったわけで、その起源からすれば、冬至の日の祝いにキリストの生誕が加わったというのが元々の筋であったと思う。常識のモミの木のクリスマスツリーが、冬至を境にして復活してくる生命の緑を象徴していることから、そのことは容易に想像がつく。三つの祝日は、北半球における冬至という天則《リタ》に起源を持つ祝日で、この日を境にして再び増大してくる太陽力、つまり私達の生命力を祝う祝日であったのだと思う。

㈡

リグ・ヴェーダに登場するアーディティア神群、その中でも特にヴァルナ神は、その天則を司る神として讃えられている。

「固く掟を守るヴァルナは、後裔《こうえい》に富む一二カ月（一年）を知る。彼は知る、それに添いて生まれくるもの（閏月）を。」

「彼は、広く大きく高き風の通い路《かよいじ》を知る。彼は知る、その風を支配するものたちを。」

「固く掟を守るヴァルナは、（天奥の）水流の中に坐せり、賢明なる神は、完全なる主権を行使せんがために。」

「そこよりして、彼は一切の不可思議なることを、知悉《ちしつ》して観察す。すでに行なわれしことをも、これより行なわれるべきことをも。」

アーディティア神群というのは、「無拘束、無垢、無限」の意味を持つアディティ（無垢の女神）

を母とする神々のことで、ヴァルナ神（天則《リタ》、掟《ヴラタ》）、ミトラ神（契約、盟友）、アリアマン神（歓待《かんたい》）、バガ神（幸運、分配）、アンシャ神（配当）、ダクシャ神（意力）、などの神々の総称である。この内ヴァルナ神は、リグ・ヴェーダに登場してくる神々の内でも最も重要な神のひとつとされており、宇宙の支配神・司法神としての地位を与えられていた。天則《リタ》によって支配し、天掟《ヴリタ》によって司法する神である。

天則《リタ》の中でも、天水、あるいは天の大水の中にあって、水を保管する神としての性格が後世になるにつれて強くなり、やがてはヴァルナといえば水の神、水天を意味するようになった。日本の水天宮の水天は、このヴァルナに源を持っている。

㈢

私に興味をもたらすのは、水という天則を持つに至ったヴァルナ神の性格もさることながら、本来無拘束、無垢、無限を意味するアディティという女神から、天則にせよ掟にせよ（ヴァルナ）、契約（ミトラ）にせよ、また歓待《かんたい》（アリアマン）にせよ分配（バガ）にせよ配当（アンシャ）にせよ、なんらかの意味で拘束あるいは掟を意味する神々が、なぜ生み出されてきたのか、ということである。

私がテキストにしている岩波文庫版リグ・ヴェーダの訳者である辻直四郎先生は、アディティ女神より先にアーディティア神群が形成され、後になってそれを総合するべくアディティ女神が附加されたのではないかと推測されているが、そうであるにしても、拘束、掟、契約等の概念（神々）を生み出したものが、無拘束、無垢、無限であるという関連性には、単なる関係性を越えた存在論的な意味が含まれていることを感じる。

拘束ということを生み出したものが無拘束であるという関係性、さらにこれを進めて天則《リタ》を生み出したものは無天則であるという関係性は、そのまま、存在を生み出したものは無存在であるという関係性、つまり有は無から生じたという関係性を暗示しているからである。

私、地球、宇宙の三身一体からなるこの有は、有（天則）そのものに基礎づけられるのか、それとも有の裏側にある無に基礎づけられるのかという問いは、現在にあっても私達の物理学と哲学において問われつづけているものである。

リグ・ヴェーダの時代の詩人《うたびと》（祈禱者）たちは、無拘束、無垢、無限を意味するアディティという言葉をそのまま女神と呼ぶことによって、無というひとつの立場をそこに予感していたのだと思う。アディティはリグ・ヴェーダにあって決して有力な神ではなく、ただひとつの独立讃歌しか与えられてはいないけれども、現代の私達がいまだ解き得ない同じ問いを、その時代の人々がすでに問いとして持っていたことを示す文献上の証明としても、大いに注目すべき女神なのだと思う。

アディティを、人間がつくり出した単なる概念と見るか、それともすでにここに存在しているもの（それが無であるにしても）に与えた新しい呼び名と見るかは大いに問題となるところであるが、私は、天則というものがたとえば一年が一二カ月として存在しているように、アディティ（無拘束、無垢、無限）もまたここにそれとして存在しているものの呼び名であると考える者である。

# 英雄神インドラ

## (一)

大寒の最後の日々、ラジオからのニュースを聞いていると、日本列島は各地で大雪が降りしきり、太陰太陽暦で最も寒いとされる大寒節の名にふさわしく、北から南まですっぽりと凍りついているのが感じられる。

屋久島もやはり寒い。ひと冬の内にそうあることではないが、ホットカーペットを敷いただけの書斎にいると、指がかじかんで万年筆がうまく持てなくなる。時々尻の下の座布団に手を差しこんで、指をほぐしてはまた万年筆を握る。

昼の食事は久しぶりにヨモギ団子のすいとんであった。寒い寒いといいながらも、古木の梅はすでに満開になり、若木の梅もちらほら咲きはじめて、地面にはいっせいにヨモギの新芽が出はじめている。妻はそれを採り集め、ゆでてすり鉢でつぶしヨモギ団子を作る。

ごぼうや里いもやにんじんや豚肉を、けんちん汁よろしく味噌仕立てで合わせて、その中にメインとしてヨモギ団子を入れたものがわが家のヨモギ団子すいとんである。

毎年、大寒の今ごろになると妻はこれを思い出すようで、要はヨモギの新芽を食べることにある。ヨモギ団子のすいとんを食べると、よし、春までもうひと息と、ヨモギ力《ぢから》のようなものが湧いてくる。

## (二)

インドラというリグ・ヴェーダの神は、後に仏教にも取り入れられて帝釈天《たいしゃくてん》となり日本にも知られてくるが、その起源は大変古くインドアーリアン人が北西部インドに侵入してくる以前のインド・イラン時代にはすでに成立していて、小アジアやメソポタミアにまで知られていた神だったという。リグ・ヴェーダでは全讃歌の四分の一がこのインドラに捧げられていて、リグ・ヴェーダを代表する神といえばこの神ということになる。

インドラは霊酒ソーマを痛飲し、武器としてヴァジュラ（金剛杵《しょ》）を持ち、ヴリトラと呼ばれる悪竜をくりかえし退治してアリアン人に水と光明をもたらした英雄神である。

「われ今宣《の》らん、インドラの武勲の数々を、ヴァジュラ手に持つ神が最初にたてしところの。彼はヴリトラを殺し、水を穿《うが》ちいだし、山々の脾腹を切り裂けり。」

「インドラは、肩に拡げたる最も頑強なる障害ヴリトラを殺せり、偉大なる武器ヴァジュラによって。斧もて伐り倒されたる木株のごとく、ヴリトラは大地の上に俯伏《うつぶせ》に横たわる。」

「彼によりこれらすべての転変の遂行せられたる、ダーサの色（黒色の原住民）を屈服せしめ、消滅せしめたる彼、勝ち誇る賭博者のごとく、勝利を博して、賭物たる部外者の豊かなる財産を収得したる彼、彼は、人々よ、インドラなり。」
「その命令に、馬も牛も、村人（軍隊）も、すべての戦車も服従する彼、太陽を暁紅を生みたる彼、水の指導者たる彼、彼は、人々よ、インドラなり。」

厖大な量にのぼるインドラ讃歌からわずかに四片だけを引いたのでは心もとないが、基本的なその性格はそれでも理解していただけると思う。暁紅《ウシャス》の女神や太陽神スーリアや風神《ヴァーユ》など、これまでに紹介してきたリグ・ヴェーダの神々が多く自然現象そのものに起源を持ち、したがってアニミズムの神々であるのに対して、インドラは最も色濃い性格としてアリアン族の英雄神の性格を持っていることが否めない。

地上に存在するいかなる民族も、その民族に固有の英雄神、あるいは先祖神を保持しているのであるから、英雄神あるいは先祖神もまたアニミズムの一形態と考えられないことはないが、私としては現代において改めてインドラを神として称揚する気持にはなれない。

㈢

私がアニミズムに関心を持つのは、それが現代の日本の社会や地球上のすべての社会にとって豊穣と確実さをもたらすものであることを感じるからであるが、それが民族主義という自然感情と直結して、あるいはそれを惹き起こして、大なり小なりのイデオロギーとなって他民族を排除侵略することともなれば、当然のことながらそれは過去の遺物とされねばならず、現代および未来の思想としての役割はあり得ない。

インドラ神といえば、一見すればそれは紀元前一二～一三世紀にも遡る古代インドアーリアン人の神のようであるが、昨年（一九九五年）から今年にかけての中国やフランスの核実験において見られるように、またすでに早く実験を済ませて核兵器を温存している米ロ英諸国において見られるように、現代においてもその神話は形を変え姿を変えて脈々と生きつづけている。

インドラの武器はヴァジュラ（金剛杵《しょ》）と呼ばれる投擲《てき》物であるが、核兵器が現代のヴァジュラであることは言うまでもない。

日本は核兵器を持たぬと誇るむきもあるようだが、その原料であるプルトニウムを大量に保持しようとしているのは、実際にノーベル賞はもらわなくてもその候補にあがっただけで価値がある世間の構造と酷似していると見ることができる。私たちにプルトニウムはいらない。地球上にプルトニウムはいらない。地域を常に全滅させる危険を伴っている《もんじゅ》のような非文明的な発電装置は永久にいらないのである。

私たちには、無限の太陽《スーリア》という神があり、風《ヴァーユ》という神があり、大地《プリティヴィー》という神がある。電気はそれらの神々が与えてくれる。プルトニウムは一日も早く過去の遺物となってほしい原始的な国家主義のネガティヴな一大側面なのである。

個人的に私は、今年は《もんじゅ》を止め、《もんじゅ》の原料であるプルトニウムを生産する青森県六ヶ所村の施設造りを中止する、その元年の年であると考えている。

# 自然の双神アシュヴィン

㈠

今日はどんよりと曇り、いまにも降り出しそうなお天気ではあるが、閏《うるう》年二月の最後の日であり、気温も一五度ほどに昇ってきて暖かい。

閏年が四年に一度めぐってくるのは、地球が太陽を公転するのに三六五日と五時間四八分三六秒かかるからだというが、そういう精密な数字を聞かされると、科学というものは大したものだと改めて感心するとともに、年ごとに一秒も狂うことなく公転をとげる、惑星系の公理というものに驚異を抱かずにはおれない。

島では、今年も道ばたのすみれが叢《むら》になって咲き出し、キブシやアオモジなど早春の木の花が咲き終わり、庭のハクモクレンも開花を終えた。いずれもわがアニミズムのカミガミである。あとは三月三日に向けて（と言ってももう三日間しかないのだが）どのくらい桃が咲いてくれるか、待つばかりである。

郵便配達が来て、今日は五通ほどの郵便を置いて行った。その内の一通は埼玉県川越市の帯津三敬病院に入院しておられるH・Yさんからのもので、ほっとしながら急ぎ封を切ってみた。そこには、〈毎日、心臓の発作を起こしながら、それでも神様は私に生命の光を輝かし、生かして下さっています〉としたためられてあり、一カ月前と同じくぎりぎりのところに身を置いておられるH・Yさんの、静かで確かな闘いと祈りが息づいてあった。

帯津三敬病院は、東洋医学と西洋医学の長所を生かした総合医学の確立を目指す、日本ホリスティック医学協会の帯津良一さんの病院で、私の思いとしては今の日本の病院として最も理想的な病院である。ステージⅣというのか、末期の肺ガン状態でありながら、君がそれほど行きたいのなら思い切って行きなさい、と帯津先生に言われて、H・Yさんが六歳の子供とご主人につきそわれて屋久島に来られたのは昨年の一一月だった。小一時間お話を聞いて、若くても人はこのように深く静かに祈ることができるのだと、逆にこちらが慰められる思いで別れたのだが、年が明けるとすぐに手紙をいただき、呼吸困難になって再び帯津三敬病院に入院されたことを知った。

(二)

リグ・ヴェーダには、アシュヴィン双神と呼ばれる一対で不可分の神格が登場してくる。この神は、アリアン人がインドに侵入してくる以前のインド・イラン時代から、すでにナサーティアという別名で知られていた古い神だそうであるが、その源がどのような自然現象にあったかは特定されていない。

自然界には夜と昼、朝と夕、あるいは太陽と月、宵の明星と明けの明星、双子星そのほか一対となった時に強い力をもたらす現象が数多く見られるから、そのような一対性の何かが源のカミであったろうとは推測できる。インド・イラン時代といえば、少なくとも今から三五〇〇年以上を遡るそのカミは、人間の想いよりも速く疾駆しつつ危急を救う者として讃えられた。

「汝《なんじ》らは驚嘆すべき技術《わざ》もて、ヴァンダナを穽《あな》より救いあげたり、雄力もてレーバを水中より救いあげたり、驚嘆すべき牡牛なす双神よ。トゥグラの子を海中より助けいだし、またチアヴァーナを青春に返らしめたり。」

「汝らは、灼熱せる穽に陥《おとしい》れられたるアトリに滋養と救助とを授けたり、アシュヴィン双神よ。汝らは盲《めしい》たるカンヴァに視力を回復せり、いみじき讃歌を嘉納して。」

「汝らは、かつて艱難《かんなん》になやめるシャユのため、牝牛を乳もてみなぎらしめたり、アシュヴィン双神よ。汝らは、鶉《うずら》を困厄より解放せり、ヴィシュパラーに脚を回復せり。」

「鷲の今も変わらぬ速力をもって、ともどもにわれらに向かいて来たれ、ナーサティア双神よ。供物を捧げ、われら実に汝らを呼ぶ、アシュヴィン双神よ、永古変わらぬ暁紅の輝くときにおいて。」

㈢

アシュヴィン双神の神格の源がどのような自然現象にあるのか定かではないが、こことは別の節に見られる「火神《アグニ》は目覚めたり。太陽神《スーリア》は大地より昇る。光まばゆき大いなるウシャス（暁紅の女神）は、光明もて輝きいでつ。アシュヴィン双神はその車を整備せり、行進のために。サヴィトリ神（激励の神）は動界を個別に刺戟せり」という讃歌を吟味すると、この神は朝の光の系列に連なるなんらかの一対現象ではないかと推測できる。

朝の光の系列に連なる一対現象といえば、おのずから浮かびあがってくるひとつの風景がある。

菜の花や月は東に陽は西に　蕪村

これはむろん夕方の現象だが、その反対に東に太陽が昇り月は西にまだかかっている風景がある。私の住処は三方を山に囲まれているので、この双神を拝する機会は日常的にはないが、平原地帯のどこかでいつかそのような希有な時を持ったという記憶がある。

リグ・ヴェーダにおけるアシュヴィン双神の位置はかなり重要なもので、インドラ、アグニ、ソーマ神に次ぐ多数の讃歌を与えられている。

私たちの自然に接する感性はすっかり衰えてしまって、太陽においてすらそこにカミを感じることが少なくなってしまったが、蕪村の句を享受するほどの感性ならまだ残されている。三五〇〇年以上前の、鋭い感性を放ちつづけていた人たちが朝の太陽と月に力強い双神を見、双神のわたる全平原に讃歌を贈ったことは有り得ないことではないと思う。

川越市の帯津三敬病院で静かに確かな生命生活を祈り闘われているH・Yさんなら、朝の光りの系列のアニミズムの神々がどれほど深い、また迅速な癒しの作用を持っているかをよく御存知だと思う。アシュヴィン双神よ、古代から甦り、想いより速く疾駆して、危急にあるすべての私たちに手をさしのべてください。

# 称讃の神ブリハス・パティ

## (一)

### 祈り

南無浄瑠璃光
海の薬師如来
われらの　病んだ身心を　癒したまえ
その深い　青の呼吸で　癒したまえ

南無浄瑠璃光
山の薬師如来
われらの　病んだ欲望を　癒したまえ

その深い　青の呼吸で　癒したまえ

南無浄瑠璃光
川の薬師如来
われらの　病んだ眠りを　癒したまえ
その深い　せせらぎの音に　安らかな枕を　戻したまえ

南無浄瑠璃光
われら　人の内なる薬師如来
われらの　病んだ科学を　癒したまえ
科学をして　すべての生命《いのち》に奉仕する　手立てとなしたまえ

南無浄瑠璃光
樹木の薬師如来
われらの　沈み悲しむ心を　祝わしたまえ
樹《た》ち尽くす　その青の姿に
われらもまた　深く樹《た》ち尽くすことを　学ばせたまえ

南無浄瑠璃光
風の薬師如来
われらの　閉じた呼吸を　解き放ちたまえ
大いなる　その青の道すじに　解き放ちたまえ

南無浄瑠璃光
虚空なる薬師如来
われらの　恐れ乱れる心を　鎮めたまえ
その深い　青の透明に　鎮めたまえ

南無浄瑠璃光
大地の薬師如来
われらの　病んだ文明社会を　癒したまえ
多様なる　大地なる花々において
単相なる　われらの文明社会を　潤したまえ
ōm《オーム》 huru《フル》 huru《フル》 chadali《チャンダーリー》 mātangi《マータンギー》 svaāhā《スヴァーハー》
(薬師如来真言)

(二)

昨年(一九九五年)の七月に出版した、『森の家から』(草光舎刊・星雲社発売)と題する詩集の序詩として、私はこの詩を置いた。

オウム真理教の事件に端を発した〈宗教〉への社会的な敵意のさなかではあったが、祈る、ということが私の生活の最も深い行為のひとつであることに、変わりようのあるわけもなかったからである。

人間を含めたすべての生物が、死すべき存在であることと同じほど明瞭に、すべての生きものは、無生物でさえも、祈る存在であるように私には感じられる。

(三)

リグ・ヴェーダ讃歌には、ブリハス・パティ(祈禱の主)と呼ばれる神が登場してくる。この神は、同じく〈祈禱の主〉を意味するブラフマナス・パティという神と同一視されているが、神の成立史からすれば本来的には〈称讃の主〉を意味するブリハス・パティが先行し、やがて祈禱そのものを意味するブラフマナス(ブラフマン)が力を得るに従って、両者の混同、同一化が進んできたものであるらしい。

称讃という行為(感情)と、祈禱という行為(感情)のふたつを並べて見る時、あるものへの称讃が先にありやがてそれが祈りに展開されることは、納得のできる成り行きである。例えばひとつの山が神の山として祈られる以前には、必ずその山の姿や配置への称讃があったはずだからである。

「もろもろの眷族《けん》の長《おさ》なる汝《なんじ》をわれらは呼ぶ。詩宗の中にありて至上の名声をもつ詩宗、祈禱の最高の王者なるブラフマナス・パティを。われらに耳を傾けつつ、汝《な》が座にすわれ、支援を伴いて。」

「先見の力ある神々すら、祭祀の配分を常に汝《なんじ》より受領せり、アスラの性《さが》あるブリハス・パティよ。太陽が光明もてうるわしく暁紅を生みだす如く、汝《なんじ》はあらゆる祈禱を生みだす者なり。」

称讃《ブリハス》の主《パティ》、あるいは祈禱《ブラフマナス》の主《パティ》という神の私にとっての重要性は、宗教感情の発生においてはその対象への称讃が先行し、つづいてそれが祈りに変容するという過程をこの神が示していることが第一であるが、第二にさらに興味深いのは、祈るという本来は私達人間主体の行為（感情）であった事柄が、そのまま神として造形されて、逆に「汝はあらゆる祈禱を生みだす者なり」という位置を獲得しているところにある。

称讃《ブリハス》の主《パティ》、あるいは祈禱《ブラフマナス》の主《パティ》という神において、私達は私達の最も主体的な感情である称讃と祈りという感情をさえ行為させられてあることになる。そこにあっては、私達は自己の最も深い感情・行為を神に奪われている（他力）のであるが、逆にその神は私たち自身に明らかに源を発してもいるのである。

インド哲学が私たちに伝える真髄は、自己《アートマン》がそのまま宇宙《ブラフマン》であり、宇宙《ブラフマン》がそのまま自己《アートマン》であるという定言であるが、その定言が成立してくる過程をこのブリハス・パティという神が明らかにしてくれていることを感じる。

# 第三章

# 農耕の神クシェートラ・パティ

㈠

異常に寒かった四月も、下旬に入るとさすがに暖かくなり、一週間ほど初夏を思わせる晴天の日がつづいた。半月から三週間おくれでやっとコデマリの花が満開になり、これでもう寒波も戻ってはこないだろうと、身心の警戒感がゆっくりと脱け落ちてゆく。南の島に住みながらこんな状態だから、より北の地に住む人たちには今年の春は、春とも呼べない乏しい春だったのではないかと思う。

四月の初旬に植えつけた、ナスやピーマンやトマトの苗が、寒さのせいでいっこうに成長せず、種をまいたスイカやキュウリは芽を出してもくれない。畑全体がまだ冬の様相を帯びているところへ、急に例年並みの暖かさと日照りがつづいて、作物たちは喜ぶよりもとまどってしまったようだ。ピーマンもインゲン豆も勢いづくどころか逆に黄ばんできて、今にも枯れてしまいそうな様子になった。

四月二九日の真夜中頃、そろそろ眠ろうと枕元のローソクの火を消して眼を閉じたちょうどその時に、暗闇の中をポツリポツリと屋根瓦を打つ雨音が伝わってきた。天気予報はその夜は久しぶりに雨だったので、予想されたことではあったが、いざ雨音が伝わってくるのを聞いていると、その音とともに限りない安堵が大地にひろがってゆくのが感じられた。

畑を含む大地が待ち望んでいたのは、むろん暖かさを実感できる春の大気だったのだが、それと同時にその春の大気を内に含んだ雨こそが本当は待たれていたのだ。

仰向けに寝て雨音を聞いていると、それは次第に連続的になり、やがて雨樋《あまどい》から水が流れるかすかな音が聞こえてきた。強い降りではないが、たしかな雨が降りそそいで、ようやく今年のあまりにも遅かった春が本当にやってきたことを感じた。

㈡

耕地《クシェートラ》の主《パティ》と呼ばれる神は、農業の守護神であるが、リグ・ヴェーダ讃歌集においては片隅のごく小さな神であるにすぎない。


「クシェートラ・パティにより、われらは、盟友によってのごとく、牝牛、馬を養育するもの（耕地・飼料）をかち得る。彼はわれらに等しき者に憐愍《れんびん》を垂れんことを。」

「クシェートラ・パティよ、蜜に満つる水波を、われらのもとに搾《しぼ》りいだせ（雨として）、乳牛が乳をいだすごとく、蜜を滴《したた》らし、グリタのごとくいと清らかなる水波を。天則の主たちはわれらに憐愍を垂れんことを。」

「植物、天界、大水《たいすい》は蜜に満ちてあれ。空界はわれらのため蜜に満ちてあれ。クシェートラ・パティはわれらのため蜜に満ちてあれ。われら願わくは、損傷せらるることなく、彼に随従せんことを。」

「シュナ（繁栄）とシーラ（犁《すき》）よ、この言葉を嘉納せよ。汝らが天界において作りたる乳（雨）、それをもってこの大地を潤せ。」

「こなたに向かいてあれ、幸多きシーター（畦）よ、われらは汝を称讃す、汝がわれらのため幸多からんがために。汝がわれらのため稔り多からんがために。」

㈢

クシェートラ・パティという小さな神の内に、シュナ（繁栄）やシーラ（犁《すき》）やシーター（畦）というようなさらに小さな神々が配されていて、リグ・ヴェーダ讃歌の担い手であったインドアーリアン人にとっては、農耕もまた大切な生存の手段であったことが理解できる。けれども、富あるいは豊かさのシンボルとしてこの書の内にくり返し引かれてやまない牡牛や牝牛のもたらす乳への憧憬の深さに比べれば、農耕はまだ始まったばかりのほんの揺籃期の位置にしかないことも分かる。インドアーリアン人はもともと狩猟・牧畜民族だったのだ。

ここでしかし興味深いのは、畦《あぜ》または畔《しろ》を意味するシーターという小神がここにすでに措定されてあることである。シーターが、後のヒンドゥ教においてシーター・ラームと讃えられるようになる、ラーマ神の神妃シーターの原初形態かどうかは定かでないが、何かの文献でシーターは農業起源の女神であると読んだ記憶がある。そうであるなら、弓矢の名手であり狩猟牧畜起源の神であることが伺えるラーマ神とシーター妃がシーター・ラームの名のもとにヒンドゥ社会の理想的な夫婦像であり、理想像そのものに到った経緯は、狩猟牧畜社会と農耕社会の婚姻、混交という経緯に沿ったものだったと考えることもできる。

神話、あるいは神々の物語というのは、どのような時代と社会にあっても、根も葉もない絵空ごとなどではなくて、人間ののっぴきならぬ価値観を真っすぐに反映しているものといえよう。

くり返し記すが、私がリグ・ヴェーダの散策をするのは、リグ・ヴェーダにおいて讃えられる自然神たちの息吹は、その時代から三五〇〇年を経た現代にあっても、よく見、よく感じさえすれば、同じように神として機能しているし、それどころかこれから先の私たちの社会のありようを考える時には、無数無限に分かたれるそれらの自然神たちが、神として、つまり尊敬され大切にされ、讃えられるものとして再認識されることが第一義的に重要であると考えるからである。

エコロジーという考え方は、客観科学であると同時に、それなしには私たちの生存が危ぶまれる主体的な神（善および喜び）の問題として深められなくてはならないと、考えているからである。

四月二九日の夜更けの雨は、じつに善い雨だった、善くて永続性のあるもの、また回帰性のあるものを、私たちは昔から神と呼び、カミとも呼んできたのだったが、その夜の雨はまさしく神の雨であり、またカミの雨であった。

# 家の神ヴァーストーシュ・パティ

㈠

古くからの友人のJは、ほぼ二〇年前、私たちと大体同じ頃に屋久島に移り住み、友人であると同時に同じ島人として暮らしてきた仲間である。オーストラリアの女性と結婚し、子供も二人できて、この八年間ほどはメルボルンで暮らしてきた。観音信仰を主体とし、音楽を生活の中心においている人である。

そのままメルボルンに住みつづけるのかと思っていたが、やはり屋久島に戻ってくることになり、また同じ島人として暮らしてゆくことになった。久しぶりに帰国したJと、ひと晩ゆっくり話す時間を持ったが、メルボルンから日本へ直行したのではなくて、二カ月ほどヴェナレスとネパールのパシュパティナート寺院近くの洞窟に滞在して、そこから帰ってきたのだという。

パシュパティナート寺院は私も昔訪ねたことがあるが、ネパールヒンドゥの最大の聖地とされており、ヒンドゥ教徒以外の出入りは厳禁されている寺院である。どういう好運な出遇いに導かれたのか、口数の少ない彼の話からは分からなかったが、そのパシュパティナートの近くの山にいくつかの洞窟があり、それぞれの洞窟にはババともグルジー（師）とも呼ばれる行者たちが少数の弟子と共に住んでいるそうで、彼はそのひとつの洞窟で一カ月ほどババの弟子として暮らしてきたという。

ババの暮らしは炉の火を焚くことが中心で、訪れてくる在俗の信者たちにその灰を聖灰《ビブーティ》として与えることで成り立っているのだという。

一つひとつの洞窟は、それぞれにその洞窟の神を祀っており、Ｊが住んだそこはガネシャ窟（日本の密教では大聖天）と呼ばれていたそうである。そこでは、当然日夜ガネシャ神のマントラが歌われ、Ｊは覚えてきたそのマントラをいい声で歌ってくれた。おかげで久しぶりの生《なま》のヒンドゥヴァイブレーションを、島にいながらにして味わうことができた。

(二)

リグ・ヴェーダの七章五四節には、ヴァーストーシュ・パティという神が出てくる。この神は家の神で、〈住居の主〉と訳出される。上記のパシュパティナート寺院のパシュは動物、パティは主で、動物達の主としてのシヴァ神がその寺院では祀られてある。私はサンスクリット語を本格的には勉強していないので正確には分からないが、前節の〈耕地《クシェートラ》の主《パティ》〉にしろ前々節の〈祈禱《ブリハス》の主《パティ》〉にしろ、主《パティ》という語がヒンドゥ世界で占めている意味合いはなかなか深く、キリスト教世界の主《ロード》と匹敵するものがあることを感じている。

サンスクリットの主《パティ》、神《デヴァ》、神《バガバン》、あるいは守護神《イシュワラ》というような様々な神の呼称によって、どのような心理変化が呼ぶ側に起こるのか正確には分からないが、同じ神を呼ぶにも様々なニュアンスの呼び方があることが、神意識が幾重にも重復されて活きていることの実証と感じられて、楽しい。

「ヴァーストーシュ・パティよ、われらを歓迎せよ。われらのためいみじき入家を許すものたれ。病患なきものたれ。われらの汝に懇請するところ、そをすべてわれらにかなえよ。われらが二足のもの（人間）に幸福あれ、われらが四足のもの（家畜）に幸福あれ。」

「ヴァーストーシュ・パティよ、われらのため寿命を延ばすものたれ。牝牛、馬もて家産を殖《ふや》すものたれ。われら願わくは、汝の友情において、老ゆるなからんことを。父の息子らにおけるがごとく、われらが願いをかなえよ。」

これらの讃歌は、後世になると新築した家が完成した際の祝いの儀式に唱えられたそうである。Jが住んだ洞窟やエローラやアジャンターの石窟にそれぞれ固有の神が祀られてあること、個人の家にその家の神が祀られることは同じ神意識の現われであり、現代の日本においても家の棟上げや新築に際しては何かの神事が行なわれるのが普通であるのも、同じ神意識の現われであると言えよう。リグ・ヴェーダの時代から、少なく見積っても三〇〇〇年にわたって、家の神、あるいは場の神、というひとつの事実、あるいは思想が連続してきたことを、私は善い伝統として喜ぶ。

㈢

先にも記したが、リグ・ヴェーダの成立時代のみでなく、それ以前のエジプト文明やメソポタミア文明、インダス文明や黄河文明（いずれもBC三五〇〇年頃に成立してくる）以来の人類の全文明史を、一括して人類の近現代史と見る歴史観が、最近の私の中では少しずつ濃くなってきている。むろんその歴史を詳細に調べてのことではないが、例えば〈家の神〉という事実が少なくとも三五〇〇年は続いていることを考え、その歴史に喜ばしい意味があることを考えると、近々二〜三〇〇年の産業社会の熟成だけを近現代と見る史観は、いかにも視野の狭い、乏しい史観としか思われなくなる。

人類が地上に現われたのは、猿人としてであれば四四〇万年前であり、原人としてでは一五〇万年前とされているのだから、わずか五五〇〇年くらいの人類史は時間の比重からしても近現代に属する。リグ・ヴェーダを散策したり、ウパニシャッドを訪ねたり、ブッダの思想を訪ねたりしていれば、二〇〇〇年とか三〇〇〇年の時間の差違はいつしか消えてしまって、それらはすべて今の出来事になる。

わが家の棟には、家を建てた棟梁の筆になる南無阿弥陀佛の木札が打たれてあり、いうなればそれがわが家の家神である。その家をネパールの洞窟から帰ってきた友達が訪ねてくれて、その洞窟神であるガネシャ讃歌を歌ってくれたとしても、違和感は少しもなかった。時間的にも空間的にも、常識からすればはるかに距たったものが、今ここにおいて共存し実存していることの不思議を、改めて感じさせられる。

# 死の導き者ヤマ

㈠

伊藤ルイさんが逝かれた。

伊藤ルイさんといっても知らない方も多いかもしれないが、一九二三年九月一日に起きた関東大震災の混乱の中で、憲兵によって、母伊藤野枝、父大杉栄を虐殺された人で、当時ルイさんはわずか一歳三カ月の幼児だった。

私がルイさんを知ったのは八〇年代の前半のことで、「野草塾」という、毎年一回ないし二回開かれる三泊四日の合宿セミナーにおいてであるが、その頃のルイさんはすでに、父母の娘という重圧に耐えて独自の反戦平和活動をしたたかに展開しはじめておられた。

終戦の年一九四五年は、ルイさんは二三歳ということになるが、物心ついて以来その年齢に至るまで、絶えず「国賊の娘」という社会的な大弾圧を受けつづけてきた人が、そのトラウマ（幼児心理傷痕）に耐え尽くして、反戦と平和と人権のために立ち上がられた時、その小柄な存在の全体から燃え静まる火のような、深く悲しく力強いものが私には伝わってきた。

㈡

リグ・ヴェーダの一〇章一四節には、ヤマ（死者の王）の歌、が出てくる。

ヤマは、時代がくだるにつれて、死者の王としての性格から死神《ヤマ》へと変化してき、仏教になると閻《えん》魔《ま》天として地獄を司るようにさえなるが、その起源はインド・イラン時代に遡るほど古く、アヴェスター聖典に出てくる最初の人間にして理想的な統治者であるイマに相応していると言われている。インドに入ってからは、太陽神スーリアの別名であるヴィヴァスヴァットの双子の子（ヤマとヤミー）とされ、その文脈からする限りは、死であるよりは光の系列に属する神であった。

「大いなる直路《ちょくろ》に沿いて遙かに去り、多くの者（死者）のため道を発見したる、ヴィヴァスヴァットの子、人間の召集者・ヤマ王を、供物もて崇《あが》めよ。」

「ヤマはわれらのため最初に道を見いだせり。この牧場（楽土・死界）は奪い取らるべきにあらず。われらの古き祖先が去り行きしところ、そこに後生《こうせい》（子孫）は、自己の道に従って赴く。」

「行け、行け、太古の道によって、われらの古き祖先が去り行きしところへ。スヴァダー（祖霊への供物）を楽しむ両王を汝は見ん、ヤマとヴァルナ神とを。」

「祖先と合同せよ、ヤマと合同せよ、祭祀・善行の果報と合体せよ、最高天（ヤマの居所）において。欠陥を棄てて、汝の家郷（死者の世界・最高天）に帰れ。光輝に満ちて、新たなる身体と合体せよ。」

これらの讃歌からもうかがわれるように、ヤマは、人間において最初に死の道を切り開き、死後は無に帰するのではなく、光り輝く最高天にあって祖先達とともに新たな身体を得て楽しむものであることを発見した者として、讃えられてある。

キリスト教でいえば天なる父の御国の父の位置、仏教でいえば西方極楽浄土の阿弥陀如来の位置が、紀元前一〇世紀という時点において、ヤマ王においてすでに確立されていたのだということができる。死を、生の無化ととらえるか、新たなる意匠の展開ととらえるかは、現代においても個人によって千差万別ではあろうが、大きく分けてふた通りあるその死の道の内のひとつを、ヤマはリグ・ヴェーダの時代にあってすでに切り開いていたのである。

(三)

伊藤ルイさんとは忘れ難い思い出が数々あるが、そのひとつにノウゼンカズラとヤマグルミの苗をいただいたことがある。

ルイさんは、社会的不正義や権力による不公平な差別に対しては、心底腹を立てて闘った人だが、何よりも野の草花が大好きな人で、福岡市郊外のお宅の小さな庭には様々な草花がそれぞれとても大切にされて植えてあった。

一五年ほど前、一晩泊めていただいた帰りに、ノウゼンカズラの挿し木苗を四本、ヤマグルミの実生苗を二本プレゼントされ、私は大事にそれを持ち帰って、自宅の庭や庭つづきの土地に植えつけた。

それは、ただ植物を植えつけたのではなくて、私が理解できる限りにおいての、伊藤野枝、大杉栄、伊藤ルイと継承された生の愛の形を私も受け継ぎ、その愛において私をも世界をも変えてゆく道を歩いて行きたいと願ったからにほかならない。

四本のノウゼンカズラの内の二本は枯れ、二本のヤマグルミの内一本は枯れたが、根付いた残りはそれぞれ一五年の歳月を経て、今も家の入口や庭先で成長しつづけている。

ルイさんが逝かれたのは六月二八日であったが、その日私は、家の入口のノウゼンカズラに今年の夏の最初の花が咲いたのを見つけた。淡いオレンジ色の、一見すれば弱々しい花であるが、すでに梅雨明けを迎えた真夏の太陽の光を、受ければ受けるほど美しく輝く、ルイさんその人のような花であった。

無宗教だったルイさんを、ヤマの最高天へ送ることはつつしまねばならないが、最高天は天の奥にのみ存在するのではなく、この地上もまたひとつの天の奥だと解釈をして、ノウゼンカズラのこの花こそはヴィヴァスヴァット（太陽神）の子なのだと見ても、多分ルイさんは許してくれると思う。

死を、死神に喰われることと見なせばそれに違いはないが、死を太陽神の子であることを成就することと見なせば、そこにはまた自から別の世界が展ける。ルイさんには、私はかつて二度ほど号泣させられたのだが、その号泣は今も私の体の中を流れてやまない。その号泣の水を滋養として、これからはますますルイさんのノウゼンカズラを、大切に育てて行くつもりである。

# 祖霊ピトリ

㈠

まだ七月中なのに、今年は次から次と台風がやってくる。

先の小型で非常に強い台風六号は、七月一八日に文字通り屋久島を直撃して行ったが、今度の九号は約一〇〇〇キロ離れていて、沖縄の先島地方を暴風雨圏に巻き込みつつ目下北西方向に進んでいる。

この九号は、超大型で非常に強いだけのことはあって、その中心から一〇〇〇キロも離れている屋久島でもすでに強風圏に入り、昨夜から台風特有のしぼるような唸り風が時々押し寄せてきている。流行語ではあるまいに、台風にまで超の字がついてほしくないが、先島の南にある台風が、海のうねりは別として、実際の風雨においてまで届いてきたのは今回が初めてである。

その影響で次第に波のうねりが高くなつりりあった七月三〇日の午前に、私達は四ツ瀬浜と呼ばれる島の北西部の海岸で、昨年の同じ日のほぼ同じ時刻に、そこで海難事故で逝った神宮健一の一周忌の追悼式をした。

大阪からそのために来られたお母さんを中心に、三〇人ばかりの友人が集まり、砂浜の中に突き出した大岩を依り拠として、そこにたくさんの白菊と、焼酎とタバコとエビスビールを供え、線香を焚いた。

前日の法要は坊さんの読経によって行なわれたが、その日は坊さんは来なかったので、代わって私がゆっくりと般若心経を唱えた。

(二)

祖霊《ピトリ》という呼び名は、現代のインド社会においても大変重要な位置を占めているようだが、その起源は先のヤマ神(死の導き者)と同じく、すでにリグ・ヴェーダの時代において明確に立てられてあった。

「近きも、遠きも、中頃なるも、神酒《ソーマ》にふさわしきピトリは立ちあがれかし。天則を知り、安全に他界に生を得たるこれらのピトリは、われらの招呼に好意を示せかし。」

「敷草《バルヒス》の上に坐せるピトリよ、恩恵もてこなたに来たれ。われらは汝らのためこれらの供物を調えたり、嘉納せよ。かかる汝らは最も吉祥なる支援をもって来たれ。しかして無病息災の幸福と繁栄とをわれらに授けよ。」

「膝を曲げ、南方に坐し、汝らピトリのすべてはこの祭祀を歓迎せよ。ピトリよ、われらを害《そこの》うことなかれ、われらが人間性のゆえに、汝らに対して犯すことあるべきいかなる罪過によりても。」

## (三)

独身で三九歳で逝った神宮君が私達の村に来たのは、まだ二二〜三歳の時だった。

生前の彼は、大阪の工芸高校を出てからしばらく図書館のアルバイトをしていたことと、インドと東南アジアを放浪してきた来歴を語っただけであったが、今回あらためてお母さんから聞いた話によると、彼は大阪芸大の卒業を目前にしていた時機に、これからの生き方を考えるからといってインドへの旅に出てしまったのだそうである。やがてインドから便りがあり、卒業するのはやめにしたからもう授業料は払わなくていいと書いてきたが、親としてはそうはできず、払い込みだけは続けたそうである。

屋久島の私達の村に来てからの彼は、すぐに漁師を志し、南進丸という親方の船に乗るようになり、そのままあっというまに一五〜六年は過ぎた。

月々の収入は、悪い時には五万円にも足りず、良い時でも一五万円を超すことはなかったと思うが、彼が収入の不足をぼやくのは冗談にしか聞こえなかったし、同じ漁師でももっとみいりのいい他の船に乗り換える気配は一向になかった。

時期トビといって、四月五月六月のトビ魚漁の船に乗れば、その三カ月だけで神宮君の一年分の収入を確実に上回り、あとはいわば遊んで暮らせるはずなのに、彼はそのような生き方は選ばず、シケの日を除いては、一年中不漁の海に乗り出す南進丸の男でありつづけた。

南進丸はむろん親方の船であるが、いつの頃からかそれは彼の船にもなり、港にもやってあるその船を見れば神宮君の船だと私は感じるようになっていた。

外から見れば、一人者の若い男が気ままな漁師暮らしをしているように見えたが、彼の生き方の芯を示しているのは、彼がじつは金槌で全く泳げないにもかかわらず漁に出つづけ、その間に覚えようと思えばいくらでもできたはずの泳ぎを、決して覚えようとしなかったことにある。大阪弁で言うアホとは彼のことで、彼の事故死というのも、遊びでシーカヤックに乗ってそれが転覆して溺死してしまったのである。

いい男は誰もみないくぶんかはアホであるが、神宮健一のアホには今でも体の芯まで辛く、頭がさがり、涙がこぼれる。

祖霊《ピトリ》というものが他界において実存するかは確信できないが、私の心においてそれが確かに実在し、なにも身内や両親の祖霊《ピトリ》だけではなくて、深い関係にさえあれば友達もまたその姿において、私の生に関わってくることを疑うことはできない。

空相の事実は、不生不滅、不垢不浄、不増不滅、と伝える般若心経を唱え終えて、私達は皆で白菊を海に投げ、タバコを投げ、焼酎を注ぎエビスビールも注いで、一周忌の供養とした。台風のうねりの波がざぶんざぶんと高鳴って、早くも祖霊《ピトリ》になりつつある彼が、母ちゃん長生きせえよと、低く怒鳴っているようでもあった。

両親の御希望により、墓は私達の村には作らないことにしたが、せめて記念碑のようなものは作ることにし、そこには、「あれは断じて、ほたるなどではない」、という、詩人でもあった彼の詩片を記す話がすすんでいる。

# 謎の歌

(一)

今日は八月三一日で、わが家の日めくりカレンダーの言葉は、〈ふしぎがいっぱい〉、である。その日めくりは、一九九三年に逝かれた在野の宗教哲学者、和田重正先生が工夫されたもので、私はすでに八年近くその何年でも使える日めくりと共に日々を暮らしている。日々の言葉は和田先生の自筆で(むろん印刷されたものだが)、心が伝わってくる懐かしい文字でしたためられている。〈ふしぎがいっぱい〉の今日は、それゆえふしぎがいっぱいの一日になるはずである。今日でなくても、世界はいつでもふしぎに満ちているのだが、私たちは普通すっかりそのことを忘れてしまっている。

子供たちが謎々が好きなのは、多分、子供たちは毎日不思議の世界に生きているので、その不思議という感覚と、謎々というゲームの感覚には共通するものがあるからだと思う。五~六歳くらいまでの子供は、毎日世界という謎を解きながら生きているので、謎々もまた大好きなのではないかと思う。〈はりのいえにはいると、ちゃいろのとんがりあかちゃん。これなあに?〉

答えは栗。
〈どろがついているのに、みんながあまいといってなめちゃうもの、なあに?〉
答えは、ドロップ。
〈一にち一かい、のぼったりしずんだりするもの、なあに?〉
答えは、太陽。
夏休みのあいだ中、こんな謎々を子供たちから何度しむけられたか分からないほどだ。

(二)

インドの最古の文献であるリグ・ヴェーダにも、謎々が出てくる。

「われ理解せざれば、理解せる詩人たちにここに問う。われ知らざれば、知らんがために。これらの六空間(三層の天界と三層の地界)を分かち支えたる山羊《アジャ》の形をとる唯一物はそも何ぞ。」

リグ・ヴェーダは、問いかけるだけで答えを与えていないのだが、岩波文庫版訳者の辻直四郎先生の解説によると、その答えは太陽だそうである。アジャという言葉は、山羊を意味するが、同時に不生《アジャ》(無始)も意味しており、この謎々は、これら六空間を分かち支えたる不生者にして唯一物はそも何ぞ、ということになる。私たちの天地を生み出した不生《アジャ》なる唯一物は、宇宙創造の本源であるが、古代インドにはアジャ・エーカパード(一本足の山羊)という神話があり、それは太陽の別名になっている。不生《アジャ》から山羊《アジャ》を呼び起こしたもので、それが分からなければこの謎は解けない。

「一二輻《ふく》を有する天則の車輪は、天の周囲をたえず回転す。そは老朽におちいることなければ。アグニよ、その子らは対をなしてその上に立てり。その数は七二〇。」

同じく辻先生の解説によれば、その答えは一二カ月七二〇昼夜からなる一年のことだそうである。

「つれだつ友なる二羽の鷲は、同一の木を抱けり。その一羽は甘き菩提樹の実を食らい、他の一羽は食らわずして注視す。」

これは、タゴールの詩にも引用されているよく知られた謎で、知識《ヴェーダ》の木のことである。この謎には種々の解釈があるが、一般的には、甘い菩提樹の実を喰う世俗の生き方には知識《ヴェーダ》は訪れず、それに目をくらまされることなく注視（瞑想）するもう一羽のみ真実に到る、と解釈されているようである。

「われ汝に問う、地のいや果てを。われは問う、宇宙の臍《ほぞ》のあるところを。われ汝に問う、牡馬の種子を。われは問う、言語の最高天を。」

「地のいや果てはこの祭壇《ヴェーディ》なり。宇宙の臍はこの祭祀なり。牡馬の種子はこのソーマ酒なり。言語の最高天はこの祈禱者なり。」

四つ目の謎々には、リグ・ヴェーダは自ら解答を与えている。リグ・ヴェーダもここまでくると、素朴な汎神論、アニミズムの世界を少し離れてウパニシャッド哲学の深い様相を帯びてきている。

㈢

夏休みの終わりのこの季節になると、毎年ラジオでは、子供科学番組が登場し、子供たちの様々な電話質問に対してそれぞれの分野の専門家が答える。

車を運転しながら聞いていると、毎年必ず出てくるのが、宇宙には果てがあるのですか、という質問で、毎年与えられるのは、果てがあるかどうかは分からない、という答えである。

それはそうだろうが、私たちは経験的にも理論的にも、ひとつの果ての先にはもうひとつの果てがあって、この果ては無限に延長されるものであることを知っている。宇宙には、果てというものはない。観測の尽きるところ、思考の尽きるところをもって果てとするほかはないのだが、無限というそれを超えた概念に侵入した途端に、〈地のいや果てはこの祭壇《ヴェーディ》なり〉という謎解きの言葉が、理屈ではない鮮やかな実体として実感されてくるのを覚える。

無限（果て）における一点はどの一点も無限（果て）である、という数学の延長に関する公理があるかないかは知らないが、私にはそれは公理として成立するもののように思われる。

和田先生の書かれた〈ふしぎがいっぱい〉、とはそういうことだし、子供たちが謎々が大好きなのも、世界および私たちの存在がそういう性質を持っているからだと思う。

# 水の希望

㈠

九月二五日から秋雨前線が居すわり、四日間かなり強い雨が降りつづいた。そこへ台風二一号が沖縄本島の北まで北上してきて、その雨雲が秋雨前線とドッキングし、二八日の夜から三〇日にかけて息つく間もないほどの大雨を降らせた。

幸い台風は、沖縄の北から向きを東に変えて去って行ったが、二九日の夜は私達の集落の内川沿いに家のある者は、誰もが生命の危険を感じて、こういう時のために町が建ててくれた避難施設へ逃げこみ、そこで一夜を明かした。

もし台風が東へ向きを変えず、そのまま北上してきていたら、この谷川の本流は確実に決壊し、私の家も含めて数軒が倒壊するか流失するかしていただろう。

一時はそれを覚悟して、この家に住むのも今日が最後かとさえ思いつつ、避難所へ逃げこんだのだった。

風も恐ろしいが、風よりもっと怖いのは土石流である。谷の本流が土石流と化せば、家も生命もその底に呑み込まれて跡形もなくなる。

行政は、普段は美しく白川《しらかわ》と呼ばれるこの谷を土石流危険域に指定してそれなりの対策を立ててくれてはいるのだが、二九日の狂奔する谷を自分の眼で見た私にとっては、谷が決壊するのを止める唯一の方法は、台風が即東へ向きを変えてくれること、つまり雨が一時間も早く弱まることでしかないことが明らかだった。

㈡

リグ・ヴェーダの〈謎の歌〉は、以下のようにつづく。

「言語は四個の四分の一よりなると測定せられたり。霊感あるバラモンたちはこれを知る。その中の三個の四分の一は、秘密に隠されて運動せしめられず。言語の四分の一を人間は語る。」

言語の四分の三は神聖なるものとして天上に秘められており、人間界には流通していない、ということであるが、夜の闇の中を狂奔する谷の、すさまじいエネルギーと恐怖を人に伝えようとすれば、言語は四分の一どころか一〇分の一くらいしか流通していないことを感じざるを得ない。

幸いなことに、まるで奇蹟のように、あるいはあたかも予定されていたかのように、台風は沖縄から真東に向きを変え、一度通過した沖縄を再び暴風雨圏に巻きこみながら、そのまま太平洋へ過ぎ去り、三〇日の午後からは雨の勢いが少し弱まってきた。

それでも、夕方になるにつれて再び不安が強まり、昼間ひとたびは自宅に戻ってみたもののまた避難所に逃げ帰ることになった。

一夜が明けて、一週間降りつづいた雨がようやく止んだ。ぱらぱら降ってはいるが、そのくらいなら雨の内には入らない。

私達がまずしなければならないことは、流されて機能を失った水道パイプを復旧することである。本流の谷はまだ赤褐色の泥水が逆巻いていても、支流の谷水はもう澄んできていて、少々の濁りと砂粒さえ我慢すれば飲むことができる。

自然水が飲めることは有難いことで、私はむしろ喜々として、水道の修理に水源の小さな谷に向かった。そこにはすでに共同で水を引いている隣家の人達も来ていて、流されたタンクを元の位置に据え直し、ばらばらに分断された塩化ビニールのパイプをつなぎ直す作業を進めた。

これは、台風や大雨が来るたびに必ずといってよいほど繰り返すことなので、皆手馴れており、一時間そこらで簡単に終わった。

㈢

避難所で夜を過ごした時に話題になったのは、当然のことながら阪神淡路大震災後の長い避難所暮らしの人達のことであったが、壊された水道の修理をしながら思ったことも、やはりあの大震災の後の、最初に求められたものが飲み水であったということである。

実はあの大震災以来、私はひとつの願いを持つようになった。それは、日本中の大都市といわず中小都市といわず、町や村といわず、そこを流れるすべての川の水を、もう一度飲める川の水に戻したい、という願いである。

むろんこれ迄の一〇〇年、一五〇年をかけて汚染してきた河川の水であるから、その願いが一〇年や二〇年の短期間で実現するとは思っていない。そうであるとしても、私達の大多数がもしそういう方向でこれからの文明が展開することを願いさえすれば、私達の技術と倫理はそれを達成できるほどのものを持っているし、そういう方向へ文明は進んで行くだろうと思う。

願う、などということは、祈ることと同じく、現実を前にすれば無力だと思われる人が多いかとも思うが、一億二千万人の日本人の半分がそれを本当に願ったとすれば、おのずから日本中の河川はそれだけ澄んでくるだろうし、一億人が願ったとすれば、その時にはすべての川の水は引き返し難く飲める水へと変化しているだろう。

川の水が汚染されていることに喜びを感じる人は居ないのだから、水質改善などという暫定的な目標ではなくて、日本のすべての河川を飲める水に返すという美しい希望を、個人においては願いにまで深め、国会においては二〇年なり三〇年なりの具体的数字を掲げて、それを内閣の責任施策とする方向性が必要だと思う。

水の恐怖について記したあとで、水の希望を記すことが、文脈として乱れていることは承知しているが、私達は根底において水によって生きている意識体であり、希望によって、願いによって生きている意識体である。リグ・ヴェーダの述べるように、秘されて現われることのない四分の三の言語を、この稿から汲み取っていただければ幸いである。

# 真理はひとつ

## (一)

今年の屋久島は、秋の好天気の日が少ない。一〇月ももう終わろうというのに、これこそ秋の日、と感じるような、黄金《こがね》色の陽が透きとおる一日が、まだ訪れてこない。

昨日も一日降ったり止んだりで、夕方になってやっと少し青空が出てきたが、風呂の薪《まき》は湿ったままで、東京の五日市の山の中で暮らしていた頃から数えると、もう三〇年近く薪で風呂を炊いているにもかかわらず、火はなかなか思うようには燃え立ってくれなかった。

いろいろ工夫し、苦心しているところへ、

「オイ、キタゾ」

と言いながら、すでに日暮れて真暗な中を、二歳半の閑《かん》ちゃんがやってきた。

私の家では一日置きに風呂を焚くが、その前の時にも彼といっしょに焚き、少しは役にも立ったしいい火が燃えたので、うんとほめたところであった。「オイ」と大人びた声を掛けながら彼がやってきたのには、幼児ながらもそのほめられた自信というか、自負があってのことだと、私は受け止めた。

㈡

言語の四分の三は天上に秘められたままで、人間界では流通していない、とするリグ・ヴェーダの感受は、まことに正鵠を得たものであると思うが、その逆に、呼び得ないものの名なり状態を呼び尽くそうとする（言語化しようとする）人類の努力は、その発生以来の歴史そのものとさえいえるもので、これまたまことに深い、根源からの営みであったというほかはない。

この半年間くらいの閑ちゃんを見ていると、幼児というものは、言葉の無限の宝庫であることが如実に感じられる。それはむろん、幼児にとっての世界が言葉の無限の海であることの映しなのであるが、私達大人は自らがその海の住人であることを自覚していないから、幼児が言葉を獲得するすごさを見るにつけて、幼児の中には言葉の無限の宝庫があって、そこから無限に言葉が生まれてくるかのように感じてしまうのだろう。

リグ・ヴェーダの「謎の歌」の章には、先に引用した、

「言語は四個の四分の一よりなると測定せられたり。霊感あるバラモンたちはこれを知る。その中の三個の四分の一は、秘密に隠されて運動せしめられず。言語の四分の一を人間は語る。」

という節に引きつづいて、次の言葉が記されている。

「人はそをインドラ、ミトラ、ヴァルナ、アグニと呼ぶ。されどそは、翼美しき天的鷲なる太陽なり。霊感ある詩人たちは、唯一なるものをさまざまに名づく。アグニ、ヤマ、マータリシュヴァンと彼らは呼ぶ。」

なにげなく読むと、ここにはさして重要なことは記されていないようであるが、よく味わってみると、紀元前一二～三世紀とされるリグ・ヴェーダの成立時期に、私達の地上のこれまでの全宗教史を底から見通すほどに重要な事柄が、すでにこの一節の内に定着されていることを知る。

そこで、前節から通して分かり易く意訳すれば、この意味はおよそ以下のようになるはずである。

「言語は四個の四分の一から成っている。霊感のあるバラモン達（詩人であり祭祀者である人達）はそのことを知っている。言語の四分の三は（つまり三個の四分の一は）天上に秘められたままで、人間は四分の一を語るにすぎない。

その秘められた部分を、人間は、インドラとかミトラとか、ヴァルナとかアグニと呼ぶが、それらはみな翼美しい天の鷲たる太陽の呼び名なのである。このように、真理はただひとつなのだが、霊感のある詩人たちは、それをさまざまな名で呼ぶのである。アグニとかヤマとか、マータリシュヴァンと呼ぶのである。」

後の時代になると、この節から、《真理はひとつ。聖者はそれをさまざまの名で呼ぶ》という定言が抽出されて、リグ・ヴェーダを代表するのみならず、全ヒンドゥ思想を代表する大定言と見なされるようになってきた。

真理はひとつ。イエスはそれをエリ（天なる父）と呼び、ゴータマブッダはそれを法《ダルマ》と呼び、マホメッドはそれをアッラーと呼んだのではなかったろうか。老子はそれを道《タオ》と呼び、日本民族はそれをカミ＝神と呼び慣わしてきたのではなかったろうか。

㈢

ただでさえ眉つばものと見なされ、真摯《しんし》な人生態度とは思われにくい宗教関心が、オウム真理教事件以来はいっそう社会的評価を低めているが、先にも記したように人類の全歴史は、その呼び得ない唯一のものを神と呼び天と呼び、佛と呼び法《ダルマ》と呼び、父と呼び母と呼び、科学法則と呼び経済法則と呼び、この世と呼びあの世と呼び、霊と呼び此身と呼びつつ、呼び求めてきたもののように思われる。

《真理はひとつ。聖者はそれをさまざまの名で呼ぶ》

ほぼ三五年前に、私が合理的思惟において非合理の宗教関心を本格的に受け入れたのは、日本ヴェーダーンタ協会の発行になる月刊誌「不滅の言葉」の表紙に、リグ・ヴェーダのこの言葉が記されてあるのを見て以来のことだった。ほぼ三五年この道を歩いてきて、真理を前にしたかのごとく「オイ、キタゾ」と私も声をかけることがないではないが、私の内に（天地に）埋もれているその呼び名の発掘は、ようやく今にして本格的に始まったばかりである。言葉を求めているのは幼児ばかりではない。私達大人だって本当は、隠された真実の言葉こそを求めて日々生きているのである。

# 一切の形態を具うる者アスラ

㈠

久しぶりに上天気のうららかな朝、ひとりでゆっくり緑茶を飲んでいると、背後の窓ガラスをタタタッと叩いていくものがある。振り返って見ると、赤茶色の小さなヤマガラが飛び去って行くところだった。

この頃なぜか、毎朝ヤマガラとメジロがかわりばんこにやってきて、サッシの大きなガラス窓を羽でタタタッと叩いていく。家の中に入りたいわけではあるまいに、二種の小鳥がかわるがわる窓を叩きにくるのは、可愛いけれども理由のわからない事柄である。

その朝も、ヤマガラが飛び去ったあとにはすでに二羽のメジロが来ていて、窓のすぐ外のポンカンの葉むらを飛び廻っている。ポンカンの実はとうに猿に喰われてひとつも残ってはいないから、メジロとヤマガラがその葉むらに来るのは、そこを足場にして窓ガラスを叩く遊びをするためのようにさえ思われてくる。

いつ窓にぶつかってくるかと、お茶を飲むのは中止して二羽の動きを見ていたが、そのせいか二羽はガラスへは来ず、ポンカンの小枝から小枝へなにごともなく、無心に飛び廻りつづけていた。見ているうちに、私はふと、永遠に落ちた。「永遠の相の下に」と、スピノザ哲学の命題が呼んだもののうちに落ちこんだのである。ポンカンの葉むら、差しこむ朝日、二羽の無心のメジロ、それらをつつむ世界が、そのまま永遠そのものの現前となった。

㈡

「立ち現わるるアスラを、彼らすべては取り囲めり。みずから輝く彼は、美を身に装いて進む。これは牡牛なるアスラの偉大なる名称なり。ヴィシュヴァ・ルーパ（一切の形態を具うる者）として、彼は不死の神々の上に立てり。」

「年たけたる牡牛なるアスラは、最初に産めり。これら彼の獲物は多し。天の双児よ、正しき配分の考慮により、汝らは遥かなる太古の日より支配を行なう。」

アスラは、よく知られているように、後代になって仏教にも取り入れられ、天竜八部衆の阿修羅として定着した神である。

リグ・ヴェーダにおけるアスラ神は、この引用に見られるように「一切の形態を具うる者」、すなわちヴィシュヴァ・ルーパとして、すべての神々の上に立つ最高神の位置を与えられているが、ヴェーダ時代が成熟するに従ってもうひとつの最高神であるインドラと対立するようになり、インドラを主神とする天族《デーヴァ》の敵神、代表的な悪神のひとつと見なされるようになる。

ペルシャのゾロアスターによつて、アフラ・マヅダを主神とするゾロアスター教（拝火教）が成立してくるのは紀元前六世紀のことであり、リグ・ヴェーダの時代からすればかなり後の時代になるが、そのアフラ・マヅダとアスラが語源的に同じものであることは指摘されているから、インドにおいてアスラが悪神化されることと、ゾロアスター教が興隆したこととは相関関係にあったのかもしれない。

余談めくが、現在の東芝であったか松下電器の前身だったマツダランプという呼称は、そのアフラ・マヅダから取り入れたものだと聞いており、それが事実だとすればゾロアスター教の神は日本の大企業を支える精神として現代になお生きており、一方でアスラは、興福寺の阿修羅像に象徴されるように、現代もなお日本の風土の中で一定の精神領域を占めつづけている。

私達の過去の時空は、遠いようで近く、歴史というものは掘れば掘るほど遺跡と同じく、近現代にただちに直結してくる。

㈢

私は現在、リグ・ヴェーダの散索に並行して法華経の散索に入ったところなのだが、法華経の序品においては、ブッダの時代（紀元前五〜四世紀）からまた遙かにさかのぼった太古の太古の時代に、日月燈明如来というブッダが出現して、以後二万代にわたって同じ日月燈明如来という名のブッダが法華経を説きつづけてきた、ということが記されてある。

預言者ゾロアスターが、光明の神であるアフラ・マヅダからの予託を受けて拝火教を興す以前から、当然アフラ・マヅダは存在しているはずだから、法華経の説く日月燈明如来と、拝火教の説くアフラ・マヅダ神は、別の神であるというよりも同一の太陽神であり、月神であり、星神でもあったと推測する方が自然である。そのように推測すると、リグ・ヴェーダの「一切の形態を具うる者」、ヴィシュヴァ・ルーパとしてのアスラは、太陽系の出現にまでさかのぼる宇宙論的な神として解釈することもできるわけである。

古代において、太陽系や銀河系の形成という分析があったとは考えられないが、この「一切の形態を具うる者」、従って一切の形態でありながらその形態を超えている者という認識が成立してくる背後には、天地を含む大光明の出現、つまり太陽系の出現ということが、本能的な意識において直観されていることを、私は感じる。

私達は幸いか不幸か、太陽系の始まりとともにその終末を物理的に計測できた最初の文明時代を生きている。つまり、永劫ということが観念ではなくて、実数において計測されつつある時代を生きている。

その実数が判明してくればくるほど、逆に永劫という観念はリアリティを増し、古代は現代に近づいてくる。

私達は、現代にあってもなおいっそう、「一切の形態を具うる者」としてのアスラ（太陽系）の内にあり、そこにおいて、ヤマガラやメジロ達のような小さなものをとおして、太陽系そのものや銀河系の意志について、思いを巡らせるのである。

# 言葉の女神ヴァーチュ

㈠

## 冬至

冬至の日になると
僕たちは　じつに太陽を頼りとし
太陽のおかげで生きているのだと　分からされる

もうこれ以上　暗くならない
これからはもう明るくなるばかりだ
太陽があれば
僕たちはその下で　皆で生きたり死んだりすることができる

もうこれ以上　暗くならない
これからはもう　明るくなるばかりだ

一本の椎《しい》の木に　僕は語りかける
椎の木よ
あなたたちと僕たちの　今日は本当のお祝いの日だね
これ以上暗くはならない
自然生《じねんじょう》のものたちの
本当のお祝いの日だね

冬至の日になると　毎年
今がどん底で　どん底にきたから
もう大丈夫なのだと　分からされる

私の詩集、『三光鳥』（くだかけ社）から引いたものだが、これはむろん太陽神への讃歌であり、太陽を中核として廻る太陽系への讃歌である。

## (二)

太陽及び太陽系を讃えることは、むろん言葉によって行なわれるのだが、その言葉は、リグ・ヴェーダにおいては言葉の女神ヴァーチュとして確立されている。

このことは、言葉の四分の三は天に秘められているという先に記した思想、また、〈真理はひとつ、聖者はそれをさまざまな名で呼ぶ〉という前節の思想と深くかかわっており、さらには現代の構造主義哲学において見られる〈ことばともの〉の相関関係にも大いにかかわりを持ってくる事柄である。

女神ヴァーチュは、自らを讃えて次のように歌う。

「われはルドラ神群、ヴァス神群と共に行く。われはアーディティア神群とまた一切神群と共に行く。われはミトラとヴァルナとの両神を担い、インドラとアグニを、アシュヴィン双神を担う。」

「われは力あふるるソーマ（神酒）を担う。われはトゥヴァシュトリ（工巧神）を、またプーシャン（道祖神）を、バガ（幸運の神）を担う。われは供物を捧ぐる者に財貨を授く。いみじく讃誦し、ソーマを搾る祭祀者に。」

ここでヴァーチュは、同じ言葉でも日常会話の言葉ではなく、ソーマを搾って神々に祈禱を捧げる際の祈りの詞《ことば》として讃えられるのであるが、神（である言葉）によって神を讃えるというこの構造は、じつはリグ・ヴェーダのみの特異な出来事ではなくて、古代中国においても古代日本においても、言《こと》霊《だま》という概念によって正確にとらえられていた事柄であった。人がまことを尽くして神の名を呼ぶ時、あるいは神の前に詞《ことば》を述べる時、その言葉はすでに神に触れており、言葉自体もまた神になる。

キリスト教におけるアメン、イスラームにおけるアッラーが、神への呼びかけの言葉であると同時に神自身でありそれを示す聖語であることは、よく知られているとおりである。インドでは、それは真言《マントラ》や陀羅尼《ダラーニ》という聖語大系として整備され、日本の神道にあっては祝詞《のりと》として定着してきた。

仏教においても、ヴァーチュを神とする伝統はむろん引きつがれた。そのひとつの典形は法華経に見られる。

法華経はその序品《じょほん》において、この世界に最初に法華経を説いたのは、ブッダ自身ではなくて、それよりも億劫の昔に現われた日月燈明如来と呼ばれる仏であったと宣言する。その仏は、それ以後二万代にわたって同じ日月燈明如来という名で出現して、法華経を説きつづけてきたのだとブッダは語る。

億劫の昔に最初にこの世に現われた日月燈明如来とは、とりも直さず太陽と月によって象徴される太陽系そのものであると考えることができるから、法華経という法《ダルマ》を最初に説いたのは太陽系そのものであり、法華経とはじつは太陽系を含む宇宙そのものの理法であったと解釈することができる。

二万代にわたる日月燈明如来が説きつづけてきたその理法を、ブッダが自覚して覚者《ブッダ》となり、その自覚内容を説いたものが法華経であるが、ひとたび説かれるやそれは聖典となり、この経典を保持する者にはいつでもどこでもブッダが如来すると、ブッダ自身が経典の中で語る構図が定着される。

キリスト教の聖書、イスラム教のコーランも同様だが、仏教経典群というのは、言葉が言葉でありながら神に変身した最大の典型であり、私たちはその言葉（である神）によって神に触れる道を持つのである。

私たちは、太陽を神と見る感性や、太陽系を如来の理法と受ける感性を失ってきて久しいが、冬至という目に見えて日が速く暮れる節気の前後になると、体の底でかすかにうごめく太陽への衝動をとおして、それが本当の神であることを本能的に思い起こすのである。

# 生命・意識・言葉の源

㈠

島の生活の特徴のひとつは、朝刊の新聞が夕方届くことにある。それゆえ、朝のお茶を飲みながらその日の新聞に目を通すという日本中にありふれた幸せは、島に住む限りはかなえられない。

私達の集落では、その日の朝刊は夕方の四時一〇分に着くバスで届けられる。配達の人がそれを受け取って、それから自転車で一軒一軒を配って廻る。わが家はその集落からさらに四キロほど山に入るので、配達の人は集落内のある場所にポストを作ってくれて、その中に新聞を入れておいてくれる。毎日四キロの山道をくだって（むろん車でだが）、私はその新聞を取りに行く。もう二〇年もそういうことをしている。

きのうはたまたま用があって、三〇キロほど離れた安房《あんぼう》という町まで行き、一湊《いっそう》に帰り着いたのはちょうど四時であった。あと一〇分すれば新聞を乗せたバスが来ることを思い、その間だけ海を見ようと、私は車を谷筈《やはず》の防波堤の先端に向けた。

大寒の曇天の海は灰色で、風も強く、水平線はぎざぎざに波立っていたから、私は車から出ず、窓も閉めたままで海を眺めた。そんな横着な眺め方であったが、やはり〈永遠の相〉は確実に訪れてきて、波立つ灰色の海は、そのまま地球の四六億年の歴史時間のかたまりであるかのようであった。その日は、なぜか少し恐《こわ》い気もしたが、元気を出して私はそのかたまりの中へ入って行った。

㈡

前節に引きつづき、言葉の女神ヴァーチュが自らを讃える讃歌を味わってみる。

「われは父を生む、この世界の尖端に。わが本源は水（太初の原水）の中、海にあり。そこよりわれは一切万物の上に拡がる。しかしてわれは頭頂をもってかなたの天に触る。」

「われは実に、一切万物を把握しつつ、風のごとく吹きわたる。天のかなた、この地のかなたに、われは威力もてかくばかり偉大となりたり。」

日本語において、言葉が言《こと》の葉と表記されることは、言外に言葉には言《こと》の幹、あるいは言《こと》の根とも呼ぶべきもの（言葉にならぬ四分の三のもの）が隠されていることを示唆していて興味深いが、リグ・ヴェーダにおいてそれが女神として把握されていることも同様に大変興味深い。専門家でないので正確なところは分らないが、言葉・言語という本来は中性的な性質のものを、女性形・女神として把握した民族はヒンドゥ民族以外には見当たらないのではないだろうか。

私としては、ゲーテが〈永遠に女性的なるものが私を引いてゆく〉と記したように、言葉の真実というものに引かれているゆえ、言葉が女性であり、まして女神であるというリグ・ヴェーダの決定には、本能的な共感さえ感じる。

そのことと同時に女神ヴァーチュが、〈わが本源は水（太初の原水）の中、海にあり〉と断言していることに、深い驚きを持つ。

リグ・ヴェーダ神話の中では、水の神ヴァルナは天上の大水に故郷を持っており、太初の原水とはその天奥《てんおう》の大水を意味している。現代の私達は、古代の人々は素朴な世界認識しか持たなかったから、天の奥に大きな湖があって、そこから雲と雨が降ってくると考えたのだろうと考えがちだが、それは半ばの推量に過ぎまい。水の素《もと》である水素は銀河系宇宙に遍在している原初物質のひとつであり、太陽系の形成とともに地球はその水素を水として確保しつつ、その水から地球生命圏とも呼ばれる生命の形態を生み出してきた。

つまり、私達の生命・意識・言葉の源は宇宙（天奥《てんおう》）にあり、より身近にはその源はこの地球の、蛋白質のスープと呼ばれる原初の海にあった以上は、リグ・ヴェーダの女神ヴァーチュが〈わが本源は水（太初の原水）の中、海にあり〉と断言したことは、素朴どころではない深い宇宙的な洞察が、言葉・意識・生命という三身一体を通してすでにその時代にあって獲得されていたと判断することさえできるのである。

言葉は意識の産物であり、意識は生命の産物であり、生命は非生命（水）の産物であるという、驚くべき生命と非生命の連続がはからずもヴァーチュのこの短い断章において示されていることになる。

(三)

新聞の到着を待つ短い時間、谷筈《やはず》の防波堤から灰色に波立つ海を眺めながら、私が落ちて行った〈永遠の相〉というものもそのような性質のものであった。

私(達)は、死によって生が断たれることを恐れざるを得ないが、生命と非生命が分断されることなく連続しており、意識と非意識が連続しており、さらに私のこの言葉が私にではなく海に源を持っているのであれば、私(達)が恐れるべき死はどこにも存在しないことになる。江戸前期の盤珪《ばんけい》禅師が〈不生〉という言葉において示したように、海が在る時そこに私(達)はすでに在った。太陽系が存在した時、そこに私(達)はすでに在った。銀河系という天奥が存在した時にもそれ以前にも、そこに私(達)はすでに在ったことになる。私(達)の生命・意識・言葉が消え失せたとしても、それは海として、太陽系として、銀河系として、かつて存在したようにこれからもまた存在しつづける。

言葉の源は海にある、というリグ・ヴェーダの断片は、万物の根源を水においたギリシャのターレス(紀元前六世紀)とともに、水というもの、海というものの永遠の相を、ただ一息で指し示してくれるものである。

# 根源の熱タパス

(一)

がじゅまるの樹は気根を垂らすことで知られている。

普通の樹は土の中で根を伸ばすが、がじゅまるを代表とする熱帯、亜熱帯系の樹木には、地上四〜五mもの枝から空気中に根を垂らし、一〇年も二〇年もかけてその根を地面まで届かせるようなものがある。空気中に根を垂らすので、気根と呼ばれる。

屋久島はそれほど南島ではないので、がじゅまるの樹は多くはないが、それでも所々に自生していて、特徴のある樹だから、島民にはなじみ深い樹のひとつである。

ある日、一本のその樹を見ていて妙なことを思いついた。気根は、一本一本は髪の毛ほどの太さなのだが、それが互いに巻きついて大筆のような束になって垂れている様が、インドでよく見られるシヴァ派の行者の髪の毛に似ているように思われたのである。

シヴァ派の行者達《サドゥ》は、苦行神シヴァにならって、がじゅまるの樹の下で瞑想をつづけている内に、その気根のように髪の毛をいく束にも束ねて垂らすことを真似たのではあるまいか。

ひとたびそう思いついて眺めると、気根はますますおどろおどろしい行者達《サドゥ》の髪の毛に似てきて、それはもう九分九厘間違いのないことのように私には思われてきた。

(二)

「天則と真実とは、燃えたつタパス(熱)より生じたり。タパスより夜は生じたり。それより浪だつ大海は生じたり。」

「浪だつ大海より歳(時間)は生じたり、昼夜を配分し、一切の瞬《また》くものを支配する歳は。」

「創造者は太陽と月とを、順序に従って形づくれり、天と地と空間を、次に光明を。」


タパス(tapas)は、熱あるいは火あるいはエネルギー、また苦痛、苦行、自虐を意味する言葉であるが、リグ・ヴェーダにおいては上記に見られるように、天地を創造した根源の熱力の地位を与えられている。

ビッグバン仮説を知っている私達は、宇宙創造の最初にビッグバンとしての激烈な熱《タパス》が存在したことを想像し得るが、三〇〇〇年以前のリグ・ヴェーダ人達は、一体いかなる直観においてそれが宇宙の源であることを知り得たのだろうか。

タパスは、右に記した二種類の意味群からも知られるように、同じ熱でも自虐的ともいえる苦行の結果体内に生じてくる熱力のことで、それにより修行者は超人的な認識力や洞察力を獲得し、超自然的な神通力を現わすに至る(『リグ・ヴェーダ讃歌』の訳者、辻直四郎さんの解説)という。そうであるとすれば、苦行者達《サドゥ》は、苦行によって獲得した熱力《タパス》によって宇宙開闢《かいびゃく》の根本エネルギーとしての熱力《タパス》を洞察したことになる。

苦行者達《サドゥ》の胸に在る神は、ヒマラヤ山中に千年至福の瞑想をつづけているとされているシヴァ神であるが、千年という時間をかけてひたすら宇宙の根源に瞑想を尽くせば、科学力によらずともあるいはビッグバン仮説くらいの仮説は確信できるのかもしれない。

㈢

タパスというサンスクリット語は現在でもヒンドゥ社会に生きつづけていて、私の知る限りでは、宇宙開闢の熱力というよりは苦行そのものの意味合いが強いようだ。あの人はタパスだと言えば、その人が苦行者であることを意味する。

これは私の仮説に過ぎないが、リグ・ヴェーダ時代の古代インド人達は、人間の身心というこのリアリティの中に、ふたつの神を見出した。そのひとつは前節と前々節に触れた言葉の女神ヴァーチュ。人間の言語性に根拠を置いた女神ヴァーチュは、祈禱力や祈禱儀式を重視する社会の流れの中で、やがてブラフマニズムというインド特有の重大思想を形成して行った。もうひとつは、人間の身体性を重視するタパスという神である。人間が苦行する時（労働をも含めてのことだが）、その体内に発生する熱によって叡智を得るという大発見は、これまたインド文化の一大特徴であるハタヨーガやラージャヨーガの流れを産み出し、さらには無償の行為そのものを解脱の手段とするカルマヨーガの流れをも産み出してきた。

ヨーガにはむろん智慧のヨーガとしてのジュナーナヨーガもあるから、ヨーガを身体的なものにのみ限定することは不当であるが、大枠からすると身体を神とするヨーガの流れは、リグ・ヴェーダにおいて発見されたタパスという神にその起源を持っているように思われる。

自然現象として存在する無数の神々に混じって、人間の発する言葉も神であり、人間の流す汗(熱)もまた神であるという思想は、考え得る限り最も根元的な、そしてまた合理的で普遍的な宗教思想なのだと私は思う。

善くも悪しくも「惑星地球」というものが見えてきた現在、三〇〇〇年の時間に耐えてきたリグ・ヴェーダが提出してくれる智慧は、むしろこれから本当に学ばれる根本の叡智と言えよう。

がじゅまるの気根を眺めつつ私が思ったことのもうひとつは、その根は確かに地面を目指しているのだが、いつまでたっても届かないということだった。

これからもう一〇年経っても、二〇年経っても、多分その根は地面には届かない。一〇〇年経てば届くだろうが、その時にはもう私はここには居ない。がじゅまるの樹は、そのように悠長に気根を垂らし、それを地面に届けるという行《ぎょう》をしているのだが、その行は一向に実る気配はない。インド大陸を歩き廻る行者達《サドゥ》の行も、二〇世紀の価値観からすれば多分そのようであり、かく言う私自身も、行というよりただ生きているだけの存在であり、地に届くことが実りであるなら、一向に実る気配はない。実る気配はなくても、ただ身心にタパスを発してひたすら大地を目指せば、それが宇宙を形成することに連なっているのである。

# 造一切者ヴィシュヴァ・カルマン

㈠

春のお彼岸に入って、このところの屋久島は雨または曇りのしめやかな日が続いている。人も含めて、万物を根こそぎ甦らせる暖かい雨が、今日はまた特別に強く降っている。

その中でひとしきり高く、ツイーツイーとヤマガラが啼く。その声に合わせるように、谷川の音も高まる。

私達の時代は、東洋と西洋を問わず南半球と北半球を問わず、時代そのものが地球神《ガイア》という事実によって保たれていることを、共通して認識しつつある最初の時代であるが、それと同時にフロンやその類似物質の放出によって成層圏のオゾン層が破壊され、陸上の全生物の存在が危機に晒されている時代でもある。

地球神《ガイア》という極としての神が認識されたのと呼応するように、フロンその他や核物質という人間発の悪夢によって、人間を含むすべての生物が滅びつつある現実が一方にはある。

人類史上絶えずくりかえされてきた神と悪魔との闘いは、人間存在そのものが悪魔であったという結論において閉じるのか、それともここからもう一度やり直して、東西南北の全生物が生存を讃えることのできる時代を創り出してゆけるのか、今はまさしくその瀬戸際に立っている。

㈡

ヴィシュヴァ・カルマン（造一切者）というリグ・ヴェーダの神は、その名前が示しているように、現代の地球神《ガイア》が示しているのと同様の万物創生の神である。地球《ガイア》はギリシャ神話の大地の女神ガイアに由来している以上は地球を越えることができないが、ヴィシュヴァ・カルマンは天地を創出した旧約聖書の大神に匹敵する神で、ヘブライズムとの相関関係を思わせる。

地球神《ガイア》は、むろんその内に私達が属している私達の唯一の極であるが、その私達の生命が地上二〇～三〇キロの成層圏にうすく広がっている、一気圧に換算するとわずか三ミリの厚さしかないオゾン層にひたすら依存していることが判明してきたからには、私達は本気になって太陽系ということ、銀河系ということ、つまり天ということを日常生活の視野に取り入れざるを得ない。

「これら一切の世界万有を供物として捧げつつ、ホートリ祭官として坐したる者、聖仙にしてわれらの父なるヴィシュヴァ・カルマンよ、彼は祈願によって万物を欲しつつ、最初のもの（太初の創造物）を蔽《おお》いかくして、後代の創造物の中に入れり。」

「拠所《よりどころ》はそも何なりしや、支点はそもいずれのものなりしや、そはいかにありしや。一切を観るヴィシュヴァ・カルマンが、その威力により地を生み、天を出現せしめたるその源は。」

㈢

自らが生み出した一切万有を、供物として自らに捧げつつその背後に隠れてしまったヴィシュヴァ・カルマンの、その拠所、その支点、その様態に関して、リグ・ヴェーダは問いかけるのみで解答を与えていないが、私は敢えてここでそれをオゾン層とする仮説を立ててみたい。

ご存じのようにオゾン層は、陸上のほとんどの生命にとって致命的に有害な太陽の紫外線を遮断してくれるもので、化学式としては$O_3$で表される物質の膜である。

地上約二五キロの成層圏の中間地帯に、一気圧では厚さがわずか三ミリというほどの、あってないようなうすさで地球を包んでいるが、それは地球誕生の最初から存在したものではない。地球（従って太陽系）の生成は約四六億年前と推定され、海水中に生命が発生したのが約三五億年前とされているが、その頃にはまだオゾン層は形成されていなかった。

オゾン層が形成されたのは今から六億年～四億年前と推定されるそうで、そのことによって海中の生物達がようやく本格的に陸上に進出することができるようになった。陸上に生きものが棲めるか否かの鍵は、ひとえにオゾン層の存在にかかっているわけである。

私達にとって、ある意味で一切万有そのものである陸上世界を生み出してくれたそのオゾン層が、NASAを中心とする国際観測チームの報告によると、一九六九～八六年の一七年間で、北緯三〇度～三九度地帯（日本の南半分）で年平均二・三パーセント、北緯四〇度～五二度地帯（日本の北半分）では年平均四・七パーセント、北緯五三度～六四度地帯になると年平均で四・二パーセントというスピードで破壊されているという。

オゾン層が一パーセント減少すると、皮膚ガンの発生率が五〜六パーセント増加するという報告がある。紫外線は海面下一〇メートルくらいまで届くから、海面近くのプランクトンさえも破壊的な打撃を受けて、海の食物連鎖が崩れるばかりでなく、地上の動植物連鎖も次々と崩れて、食料危機が訪れる。

皮膚ガンの内はまだましだが、そのガン細胞は血液と共に体中に増殖してゆく。

一九八九年の三月に、一二三カ国が参加して開かれた「オゾン層を保護するためのロンドン会議」において、「フロンの生産・使用の全面禁止が各国の共通認識」という議長声明が採択され、今世紀末までにフロン全廃の方向が目指されてはいるが、これまでに生産・使用されたフロンをどうするのかをも含めて、私達が現在もオゾン層破壊の危機に直面していることは事実である。やがて日本でもカナダやオーストラリアがすでにそうであるように、腕時計のような紫外線測定器機を腕につけ、〈現在の安全外気浴時間三〇分〉というようなことを、お互いに知らせ合う時が来るだろう。いや、私の友人の内の少なくとも二人は、すでにそれを身につけて、安全外気浴時間が0であるdanger表示を見つつ、外気中を歩くという事実を実行している。

造一切者であるヴィシュヴァ・カルマンを破壊した上で生きつづけることは、誰もできない。

# 汎神教と一神教

㈠

神について思いを巡らせながら、庭畑で立小便をしていると、いきなりスズメバチが飛んできた。顔のまわりを、ぶーんぶーんとけたたましい羽音をたてて、体長五センチはあろうかという大きなやつが旋回する。

スズメバチは、巣に手をかけたりしないかぎり人を襲う習慣は持たないので危険ではないが、顔のまわり四〜五センチのところを旋回されたのでは、落ちついて用も足せない。

口笛を鳴らしながら上半身を傾けてよけると、さらに一度だけ私を旋回して、小川の向こう岸のツツジの繁みの方へ飛び去って行った。

そういうことは時々起きるのだが、スズメバチが何故、何をしにその時人体の頭部に飛来するのかは分からない。神を思う人の意識と、スズメバチの本能にはなんらかの同調回路があるのかとも思ってみるが、神を思えばいつでもスズメバチが飛来するわけでもない。

けれども、私が何か大切なことを考え、そのことで手が放せないような時にかぎって、どこからともなく突然わき出したようにスズメバチがやってくることも、確かなことなのである。

今私が考えているのは、多神教という人類の関心事実と、一神教という同様の人類の関心事実についてで、簡単に言えば、自分は多神教や汎神教の世界が好きであるにもかかわらず、すべての神々の神である唯一神にもやはり興味を持ってしまうのは何故だろうか、というようなことであった。

その時にスズメバチが飛来して、一時的に思考を撹乱させて去って行ったのは、スズメバチこそがカミであり、従って唯一神などという無益な思考はやめて、おとなしく多神教なり汎神教の世界に安住していよ、というメッセージだったのかもしれない、とも私は思った。

㈡

「眼《まなこ》の父は、これら互いに恭々《うやうや》しくかがむ天地を、創造の原質であるグリタとして生めり。東方の境界が固定せらるるや、そのとき始めて天地は拡がれり。」

「ヴィシュヴァ・カルマン（造一切者）は、すぐれて賢く、すぐれて強大、創造者、配列者にして、また最高の示現なり。太古の聖仙の願望は、七聖仙（北斗七星？）のかなた、独一の神存《おわ》すと人のいうところにおいて満足す。」

「われらの父、出産者（創造者）、一切の形態、万物を知る配列者、神々の独一の命名者、その彼に問わんがため、他の創造物は来たる。」

リグ・ヴェーダの一〇章八二節のヴィシュヴァ・カルマン讃歌は、このように歌いあげて、造一切神というものを定着させた。

リグ・ヴェーダの初期においては、太陽神スーリアや武神インドラの別名であったヴィシュヴァ・カルマンが、それらから独立してしかも造一切神という位置を獲得するようになったのは、引用した讃歌にも見られるように、太古からの聖仙たちの唯一神を打ち立てたいという願望にこそ基づいたものであった。

旧約聖書によって打ち立てられたヤハヴェ（エホバ）が造一切神として以後もキリスト教とイスラム教を通して引きつづきその位置を保っているのに対して、インドにあってはこの神は、ひとたびはそれとして打ち立てられたものの、時代がくだるにつれて、さまざまな工芸の発明者、神々のための建築家・彫刻家の位置へいわば落とされて行く。ヴィシュヴァ・カルマンは、造一切者という名でありながら、その地位を完全に失う。

リグ・ヴェーダは、紀元前一〇世紀頃までには成立し終わっているはずだから、もしヴィシュヴァ・カルマンがその名どおりの力を保持し、普遍性を獲得しつづけていたならば、インド亜大陸にもキリスト教やイスラム教に匹敵し得るような、強力な一神教世界が展開される可能性は充分にあった。しかしながら、ヒンドゥ民族はその方向を選ばず、造一切《ヴィシュヴァカルマン》神をも無数の神々の内のひとりの神として、その汎神論的大系の内に包含してしまった。

## ㈢

私が汎神論と一神教について思いを巡らせるのは、汎神論がよく一神教は悪いと考えるからではない。

現在のキリスト教的一神論世界と、強力なイスラム教的一神論世界の存在を考えれば、汎神論（多神教）を一神教と融合させ、一神教を多神教に融合させてゆくすじ道を考えることこそが今は重要なのであり、どちらが正しいかを論じるのは、当然のことではあるがすでに過去のものとなりつつある二〇世紀的思考の遺物であろう。

森羅万象がカミであるという思考は、当然汎神論の立場である。そこから、たとえばスズメバチもまたカミであるという考えは起こってくる。考えというより、それはひとつの事実である。

けれども、また私は考える。

私が屋久島という多神教的な場に身を置いて、小便をしながら神について考えるという不遜な行為をしていることへの、スズメバチの飛来は造一切神からのひとつの警告ではなかっただろうか。そうであるとすればスズメバチは、無数の神々の内のひとつのカミではなくて、どこに存在しているか明確ではないが、天地に在る唯一神の（すなわち私の胸に在る唯一神の）使者だったのであり、安穏に汎神論の風景に耽《ふけ》っている時ではないという警告だったのかもしれない。

# 祈禱主ブラフマナス・パティ

（一）

ブラフマン（梵）というインド哲学に固有の神概念は、紀元前八世紀ごろから形をとり始めたウパニシャッド哲学（ヴェーダーンタ哲学）において確立されたものである。

ブラフマンは、森羅万象の背後にあってそれを形成している非人格的な唯一神であると同時に、森羅万象そのものとして現前している八《や》百万《およろず》の神々であり、森羅万象そのものがそのままブラフマンであるという、汎神論をもその内に内蔵している、非常に特異な、と同時に非常に合理的な哲学的な神概念である。

私がインド哲学になによりも深く魅かれてきたのは、その究極存在であるブラフマンに関して、最初期のウパニシャッドの中に、ウッダーラカ・アールニという哲人の言葉として、〈汝はそれである―Tat《タット》 tvam《トゥヴァム》 asi《アシー》〉という大定言を見出して以来のことで、その歳月はそろそろ三〇年を越している。

ブラフマンはすなわち自己《アートマン》であり、自己《アートマン》はすなわちブラフマンである、という定言は全ウパニシャッドを貫く大定言であるが、その特徴は、その定言を読んで記憶しても、あるいは知識としてそれを知っていても、それだけでは、何の意味も持たないという点にある。〈ブラフマンは、最初は噂に聞かれ、やがて求められ、最後に実現される〉という格言に見られるように、それが自らにおいて実現されるのでなくてはブラフマンはブラフマンとはならない。

ブラフマンは、客観的知識の対象であると同時に私の行為の中味であり、私が私としてそれになり得た時に客観知としても完成されるという、哲学性と宗教性の両方を内蔵している概念なのである。

㈡

初期のウパニシャッドが形成されてくるのは、紀元前八世紀ごろからとされているが、ブラフマンという言葉が最初に出てくるのは、それに先立って紀元前一二世紀ごろから形成されはじめたとされている、リグ・ヴェーダ讃歌においてである。

「もろもろの眷族《けんぞく》の長《おさ》なる汝をわれらは呼ぶ。詩宗の中にありて至上の名声を持つ詩宗、祈禱の最高の王者なるブラフマナス・パティよ。われらに耳を傾けつつ、汝が座に座われ、支援を伴いて。」

「われらは今、神々の出生を、称讃の辞によりて、ここに歌わるる讃歌において宣示せん。後代にありてそれを見うるわれは。」

「ブラフマナス・パティは、これら万物を冶工《やこう》のごとく鍛接《たんせつ》せり。神々の初代において、有《う》は無より生じたり。」

「神々の最初の代《よ》において、有は無より生じたり。有のあとに方処生じたり。」

岩波文庫版の『リグ・ヴェーダ讃歌』の訳者である辻直四郎さんによれば、ブラフマナス・パティは「祈禱主《ブラフマンパティ》」であるが、そのブラフマンという語の原義・語源には定説がないとのことである。そうであるとすれば、リグ・ヴェーダ（インド最古の文献）においてこの言葉が、「讃歌・祈禱に発現する詩的創造力」、「真理を具現する讃歌・祈禱」の意味を含んでいる事実を最古のものとするほかはないわけで、私達はブラフマンの到達できる限りの源初の意味は〈祈禱〉であったと見なさざるを得ない。

古代ヒンドゥ教の呼び名であるバラモン教、あるいはカースト制度の最上位にあるバラモン階級という時のバラモンは、Brāhmana《ブラーフマナ》の音読みであり、それが祈禱を主とする宗教の祈禱を専門職とする階級の人達の呼び名であったことを考えるならば、ブラフマンを祈禱と見なすことは動かし難い事実でもある。

それではなぜ、本来は祈禱という人間の行為に属していたものが、それから切り離された独立の存在物として、しかも森羅万象を産み出しつつ森羅万象として在る根本実在としてまで確立されるようになったのか。

㈢

その源初的なヒントは、すでに先に引用したリグ・ヴェーダの本文の内に現われている、〈神々の最初の代《よ》において、有《う》は無より生じたり〉という言葉にあると、私は思う。

リグ・ヴェーダ讃歌集はこれまで、暁紅の女神ウシャスに始まって、夜の女神ラートリー、太陽神スーリア、雨の神パルジャニア、風の神ヴァーユ、暴風雨神ルドラ等々、無数と言ってよいほどに数多くの自然神を讃えてきたのであるが、そしてそれらの讃歌は後の時代になってバラモンと呼ばれるようになった祈禱者達によって、儀式的に遂行されてきたのであるが、その祈禱の対象はすべて有るものであり、ないしはインドラ神やヴィシュヌ神のように有ると仮定されたものであった。

世界を有と自覚し、その有を神々と自覚して讃えることがさらに深まってゆけば、その有の依って成り立つ源が、当然といえば当然ではあるが、真剣に問われるようになる。

有の源としての無という概念を発見した時、リグ・ヴェーダ時代の祈禱者達は、現代の私達が宇宙の源ということに思いを馳せる時よりはるかに深い、気も遠くなるような特殊な境地を味わったに違いあるまい。

有るものの源が無であるならば、有ることは無であることであり、無であることは逆に有ることでもある。この気の遠くなるような認知が、祈禱という行為によって獲得されたことによって、祈禱行為そのものがブラフマンへの没入の道であると同時に、ブラフマンそのものの状態とも見なされるようになった。

有の底に無を観ることは、空恐ろしいことである。しかしながら、その恐怖を乗り越えることによって、有は無につながり、その無はやがて有に還ってくる。リグ・ヴェーダの祈禱者達は、この難事を遂行することによって、後のウパニシャッドの時代の準備をしたのである。

# 真理ブラフマン

㈠

前節でも記したが、インド哲学上の根本概念であるブラフマンは、森羅万象として現象していると同時にそれを貫き超えている真実在と考えられてきた。

紀元前七〜八世紀頃から形を取り始めたウパニシャッド哲学によって、ブラフマンはブラフマンとしての位置が明確に確立されたが、その後、紀元後五世紀に「ブラフマ・スートラ」という経典が編纂されるに及び、そこにおいてブラフマンは、万有の質料因（原材料）であると同事に、万有形成の動力因（運動力）であり、さらに形成されてあるこの万有の形相そのものでもある（形相因）と、その性質が決定された。その後ブラフマンは、ヴェーダ（真理）そのものと見なされるようになり、八世紀に現われた哲学者にして聖者のシャンカラチャリアは、「ブラフマ・スートラ」の注釈書を「ヴェーダ・スートラ注釈」のタイトルで書き、その中で不二一元論（アドヴァイタ）の立場を強烈に主張した。不二一元論とは、ブラフマンとしての全宇宙と私の内なる真己《アートマン》は不二にして一のものであるという思想で、それ以後現代に至るまでこの立場はヴェーダ哲学（インド哲学）の大主流として変わることなく受け継がれてきている。

西洋哲学史のように、その学説が変化発展することはなく、二千年にも三千年にもわたって、〈ブラフマン＝真理＝究極の知識＝アートマン〉という構図が生きつづけてきたのは、ブラフマンは知的概念として存在するだけでなく、その知の主体によって実現された時に初めてブラフマンとなるという、行あるいは実現の哲学をその概念が内包しているからである。千年変わらず、二千年変わらず、ヒンドゥの哲学者達は単にブラフマンについて知るだけでなく、生まれ変わり死に変わってその真理を実現あるいは体得することにこそ、生涯を捧げてきたのだった。

私もまた、ひとりの日本人ではあるが、この全宇宙は真理《ブラフマン》そのものであり、その現われそのものである、という根源のコンセプトに同意して、それを体得せんとする道を歩いている。

再び「リグ・ヴェーダ讃歌」に戻れば、そのブラフマンという概念は、インド最古の文献であるそれにすでに萌芽状態ではあるが登場しているのであり、その起源を知る上でまたとない資料を提供してくれているのである。

(二)

『リグ・ヴェーダ讃歌』の岩波文庫版訳者の辻直四郎先生は、中村元博士と並んで日本におけるインド哲学研究の第一人者であるが、その第一〇章七二節に登場してくるブラフマナス・パティという神を〈ブラフマンの主《パティ》〉と訳し、さらにそれを〈祈禱主〉と訳出した上で、次のような解説を附されている。くり返しになるが、

「リグ・ヴェーダにおいてブラフマンが「讃歌、祈禱に発現する詩的創作力」、「真理を具現する讃歌、祈禱」の意味を含んだことは明らかで、この詩的創作の霊感が宇宙創造の神秘力に通ずるところに、ブラフマンがやがて根本原理の名となる契機が存したと思われる。ブラフマンは、この創作力を備えた詩人兼祭官にほかならない。」（傍点筆者）

そもそもヴェーダ（Veda）とは、〈知る〉を意味する動詞の語根から派生した単語で、宗教的な根源の〈知識〉を意味する言葉である。ヴェーダには四種類があるとされているが、その内最古のリグ・ヴェーダは、ホートリ祭官と呼ばれる祭官が司ったもので、ホートリ祭官とは〈讃仰〉することによって神々を讃え、かつ招き寄せることがその役割であった。

たとえば太陽《スーリア》という神がある。太陽《スーリア》が太陽《スーリア》のままであれば神ではないが、そこに一人の祭官があって、それを神と呼びかけ、万人に感動を与える美しい言葉、あるいは万人に納得を与えるたくみな言葉、あるいは万人をそこに魅きこむ神秘的な言葉、によってそれを讃えるならば、その時太陽は太陽であると同時に太陽という神となる。

つまりホートリ祭官とは、霊性の言葉によって太陽の本質を万人の前に引き出し、万人に太陽が神であることを納得させる職能の人の呼び名であったわけである。

日本においても万葉集を自然神への祈禱集であるとする立場の人があり（白川静氏はその代表である）、柿本人麿呂は歌人というより歌による祈禱祭官であったと見なすが、私もその考え方には大いに賛同する。

原初の真実の言葉は、言葉であると同時に神々への讃歌であり、祈禱であり、また招神のための言葉だったのである。

リグ・ヴェーダの時代にあっても、様々なホートリ祭官がおり、氏族によって代表される祭官がその言葉と霊力をそれぞれに競い合うのだが、その祭式に参加している人々はやがて、神を呼ぶ力は神を呼ぶその言葉の内にあることを知るようになり、その言葉自体も神であるとして、言語の女神ヴァーチュ（Vāc）を創り出した（一六〇頁を参照されたい）。

讃える言葉が神であるならば、その言葉を含む祭式の祈禱行為の全体がさらに深い神と認識されるのは当然のなりゆきであり、そこにおいて祈禱がブラフマンを産み出す祈禱《ブラフマン》であるという認識が成立してくる。

リグ・ヴェーダ讃歌において、祈禱主《ブラフマナスパティ》、として措定されているブラフマンは、人間をして祈禱せしめる祈禱主《ブラフマナスパティ》とも呼ぶべき何物かがこの宇宙に存在していることを想定していると同時に、祈禱という人間の最も主体的で積極的な行為のみがやがてブラフマンを招きよせるという、萌芽状態のブラフマンを解き明かしている点で、じつに興味深い。

「われらは今、神々の出生を、称讃の辞によりて、ここに歌わるる讃歌において宣示せん。後代にありてそを見うるわれらは。」

という、ブラフマナス・パティを讃える最初に置かれた歌が、そのことを正確に言い現わしている。

# 原初の祈禱

㈠

ひとつの宇宙論として、〈無から有を生み出した〉ブラフマナス・パティ（祈禱主）という神を考える時に参考になるのは、以前に考察したヴィシュヴァ・カルマン（造一切者）という神である。

旧約聖書のエホバの神のように、一切の存在物を造りあげたとされるヴィシュヴァ・カルマンは、「われらの父、出産者（創造者）、一切の形態、万物を知る排列者、神々の独一の命名者」と讃えられる一方で、

「天のかなた、この地のかなた、神々とアスラらとのかなたにあるもの、水（原水）が最初の胎児として孕《はら》みしものは、そも何なりしや、すべての神々が監視したりしところにおいて。」

「水が、最初の胎児として孕みしは、正にこれなり、その中にすべての神々が相集まるところの。不生者《ふしょう》の臍《ほぞ》に、唯一物は嵌《は》めこまれたり、その中に一切万物の安立するところの。」

「汝らはこれら万物を生みたる者（創造者）を知ることなからん。汝らとのあいだに他物の介

在するあり。」

という讃歌を与えられて、天上にあるとされる〈原水〉の内に孕まれたことになり、人格神としての論理性は獲得したものの、その〈原水〉をも生み出すべき造一切者としての地位はあいまいなものになってしまった。

旧約聖書のエホバが、同じ〈原水〉の風景を「黒暗《やみ》、淵《わだ》の面《おもて》にあり、神の霊、その水の面を覆いたりき。神、光あれと言いたまいければ、光ありき」として、超越神の立場を苦もなく全うしてしまったのに比べると、インドの超越唯一神としてのヴィシュヴァ・カルマンは、いささか物足りないものがある。

㈡

造一切神たるヴィシュヴァ・カルマンが、その後のインド哲学史において強力な地位を獲得しえなかったのは、その神の依って立つ根拠があいまいだったからである。

エホバがそもそも原初から在り、その依って立つ根拠を問わせぬほど強力だったのに対して、インドアーリアン民族は、

「拠所《よりどころ》はそも何なりしや、支点はそもいずれのものなりしや、そはいかにありしや、それよりして一切を観るヴィシュヴァ・カルマンが、その威力により、地を生み、天を出現せしめたるも

のは。」

と、問わずにはいられない心性ともいうべきものを持っていた。その問いに対する答えは、

「一切方に眼《まなこ》を持ち、また一切方に顔を持ち、一切方に腕を持ち、また一切方に足を持つ者、独一の神（ヴィシュヴァ・カルマン）は、天地を生み出しとき、両腕をもって、翼をもって煽《あお》ぎて鍛接《たんせつ》せり。」

と与えられているが、それはいかにも絵に描いたようなあまりに素朴な神話に過ぎない。

このような創造神像を生み出した祭祀者のグループとは別の、もうひとつのグループの人達は、それに代わるブラフマナス・パティという神を想定した。

ブラフマナス・パティは祈禱の主の意であるが、「ブラフマナス・パティは、これら万物を冶工《やこう》のごとく鍛接せり」とする点ではヴィシュヴァ・カルマンと同じながら、その依って立つ拠点を「神々の初代において、有《う》は無より生じたり」とする点で、決定的にヴィシュヴァ・カルマンとは異なっている。

無から有が生じるということは、直截に言えば、祈禱という無から世界という有が生まれる、ということである。祈禱から世界が生まれるなどとは、一見して非合理極まりないことのように思えるが、そもそもの原初において、神という概念や世界という概念をこの世に呼び起こしたのは、祭祀者であ

る彼ら自身であった。彼らが太陽《スーリア》と呼ぶことによって太陽神は呼び起こされ、雷神《ルドラ》と呼ぶことによって雷神は呼び起こされたのである。神は、神の名を呼ぶ者によって呼び起こされたのである。祈禱が、神の名を呼ぶことにほかならぬとすれば、祈禱によって神は生まれ世界は生まれる。祭壇を築き、定められた儀式にのっとり、神々の喜ぶ言葉を発して神々を招き寄せることを職能とした祭祀者達が、その祭祀（祈禱）によって神が生まれると感受したのは、むしろ当然のなりゆきであった。

㈢

しかしながら、祈禱者達が祈禱せずとも、世界はすでに在り、神々もすでに在るという自明の事実を、むろん彼らが否定することはできない。祈禱によって神々が招き寄せられ、世界が生み出されるという事実と、祈禱の以前から世界は在り神々は在るというもうひとつの事実のはざまにあって、その両者を内包しつつ超えてある一者として獲得されたものが、ブラフマナス・パティ、すなわち〈祈禱の主〉という神であった。

〈祈禱《ブラフマナス》の主《パティ》〉は、そもそもの原初において、自ら祈禱することによって無から、神々と世界を産み出すと同時に、祈禱者達を祈禱せしめて、彼らに神々と世界を讃え、招き寄せることを職務とさせる。

原初に原初の（主《パティ》としての）祈禱があり、あたかも現代のビッグバン説のように、そこから宇宙と世界が始まったという思索は、インド・アーリアン民族を深く満足させる形而上思想であり、思索し得る限りの究極の合理思想であったはずである。

それゆえに、以後、ブラフマナス・パティはブラフマンとして、万物を超越しつつも万物に内在する非人格的一者として、長くインド民族の内に最深の哲学概念としての地位を保ちつづけてきたのだと思う。

# 第四章

# 黄金の胎児ヒラニア・ガルバ

(一)

お碗を伏せた型に盛り上がった屋久島の中央山岳部のはしに、標高一四九七mの太忠岳《たちゅうだけ》と呼ばれる山がある。

屋久島の奥岳の中では、一四九七mの標高は高い方ではないが、この山の特徴は頂上に弓なりに反《そ》った花崗岩の巨岩がそそり立っていることにある。麓の松峯という集落からもお天気の良い日であれば、観音様のようにそそり立つその白い巨岩を遠望することができる。

私は征服登山には全く興味がないが、参拝登山あるいは岳参《たけまい》り登山として、この五、六年に三度ほどその太忠岳に岳参りをしてきた。そしてつい昨日のこと、四度目のお参りをしてきた。

標高一〇〇〇mほどの屋久杉ランド入口で車を降り、森林保養地として島の観光名所のひとつになっている屋久杉ランドを通り抜けて、そのまま急峻な太忠岳登山道を登る。

屋久島のもうひとつの観光名所である縄文杉登山が、今やアルプス銀座なみの人混みなのに対して、太忠岳登山道に踏み入る人は滅多になく、今回も一日を通してわずか一組のパーティーに出会っただけで、原生の屋久島の森を充分に楽しむことができた。

ただし今回は断りきれぬ事情があって、「グローバル・マインド」という季刊の環境問題専門誌が募集した三〇名ほどのパーティーの案内人を勤めたので、何人かの子供達を含む私達のパーティー自体が大変賑やかな、長蛇の列となったのは仕方のないことではあった。

約四時間をかけて、頂上の花崗岩の巨塔のもとにたどりついた時に、参加者の前で私は屋久島の成り立ちについて、簡単なメッセージを伝えた。

(二)

「屋久島は中生代白亜紀のころまで(一億四千万年〜六千五百万年前)は、海底だった。

その後海底に亀裂が生じて、そこに花崗岩質マグマの貫入が始まり、海底の隆起が始まった。

新生代(六千五百万年前〜現代)に入るとこの隆起(造山)運動はさらに活発になり、今からおよそ一四〇〇万年前ごろまでには、現在の屋久島の原地形がほぼ出来上がった。

従って、私達が今その下にいる巨大な花崗岩の塔も、私達がその上に立っている山頂の大地も、少なくとも一四〇〇万年という時間を持っているのであり、私達はいわば一四〇〇万年という時間にとりかこまれて、その中で今呼吸をしているのだということを認識していただきたい。そこから、生命及び生命の起源、地球及び地球の起源、さらには宇宙及び宇宙の起源、つまり私達及び私達の起源というものが、少しは身近な問題として感じ取られてくるのではないだろうか。」

㈢

世界（宇宙）の起源を究極において祈禱《ブラフマン》と観る立場を確立する一方で、リグ・ヴェーダ時代の神秘詩人・哲学者・祈禱者達は、そのような観念的起源とは別個の〈ヒラニア・ガルバ（黄金の胎児）〉という物質的な起源概念をも確立した。

これは、後の時代に〈宇宙卵〉として確立されたインドの創世神話の原初形態であるが、物質的な原理からこの世界（宇宙）の始まりを説き明かそうとした点で、現代用語で言うところの理論物理学、あるいは宇宙物理学的な方法論と共通している。

「太初において、ヒラニア・ガルバ（黄金の胎児）は顕現せり。その生まるるや、万物の独一の主なりき。彼は地を安立せり。天をもまた。」

「彼は生気（生命）を与え、力を与う。その指令を一切の者は遵《じゅん》守す。その指令を神々もまた遵守す。不死は、その影なり。死は、その影なり。」

ヒラニア・ガルバという、宇宙創生の黄金の胎児を説明するのに、リグ・ヴェーダ時代の詩人が〈不死はその影なり、死はその影なり〉という形容を与えたことに私は哲学的な戦慄を覚えるが、それと同時に最近の新聞報道で知ったニュートリノ理論というものを思い起こした。

ニュートリノというのは、原子を極限にまで分割した際に現われる基本粒子の内、電荷がゼロの三種類の素粒子の呼び名である。これまでの素粒子理論は、ニュートリノは質量を持たぬことを前提に組み立てられていたのだが、つい最近の東大宇宙線研究所の測定によって、ニュートリノにも微少ながら質量が存在することが判明して、素粒子論は大幅な変更を迫られることになった、というのである。

この世界（宇宙）を創り出した原初の物質が、クォークや電子、あるいはこのニュートリノと呼ばれる原子核を構成する物質であることはすでに早く知られているが、そのような極微の物質をここでまとめて、素朴にヒラニア・ガルバ、すなわち黄金の胎児と呼びかえてみると、〈太初において、ヒラニア・ガルバは顕現せり。その生まるるや、万物の独一の主なりき。彼は地を安立せり。天をもまた〉という讃歌は、まさしくクォーク、電子、ニュートリノなどの素粒子への讃歌であったことが分かる。素粒子が世界（宇宙）を生み出したとする現在の世界理解と、黄金の胎児が世界を生み出したとするリグ・ヴェーダ時代の世界理解との間には、基本的な相違はないのである。

少々飛躍するが、同様に、屋久島を構成する巨大な花崗岩群と、その上で現に呼吸をしている私達生物との間にも、素粒子（黄金胎児）という観点からすれば、〈不死はその影であり、死もまたその影である〉関係は厳密に成立していることになり、基本的な相違はないことになる。

# 深大なる原水

㈠

今年は台風が多い。

最初の台風は六月に来、それ以来ほぼ二週間に一度の割合で、新聞の天気図に示される等圧線の渦巻きの進行方向に注意をこらすことになった。

台風が日本列島のどこかに上陸する数は、年平均すれば二つ以下だそうだが、今年は九月の段階ですでに四個が上陸し、これ以後もまた上陸の可能性があるから、まさに台風の当たり年と言ってよい。

最近の一九号の場合は、大型で非常に強い台風だったうえ屋久島をほぼ直撃するものだったから、私達は二晩続けて避難施設へ逃げて過ごした。大概の台風なら一晩で去ってゆくのだが、一晩あけてラジオをつけると、一九号は前の位置と同じく奄美大島の沖に停滞したままであった。

前後三日間激しい雨風が吹き降り、ようやくそれが去ると、島一周道路のあちこちで崩壊がおこり、私達の森の集落から村へ通じる二本の道も、ひとつは山崩れで完全に不通となり、もうひとつは大岩が落下してきてやはり不通となった。

大岩の方はすぐに役場のブルドーザーが来て処理してくれたが、山崩れした近い方の道はそれから二週間経った現在も手つかずで、いつ通れるようになるのか、見通しはたっていない、

(二)

ヒラニア・ガルバ(黄金の胎児)という神は、全宇宙を生み出した物質的な神として、同じく宇宙を生み出した観念的なブラフマナスパティ(祈禱主)としての神に対比されるものであることは、すでに記した。形相因と質料因の対立思考は、ギリシャ哲学だけの特質ではなく、当然古代インドにおいても存在していたのである。

興味深いのは、そのヒラニア・ガルバが最初に宿った場が、深大なる原水、とされていることである。深大なる原水は天の更に深くに存在し、そこから雨となってくだってくるのであるが、それを私達の科学が呼ぶ水素と考えてみると、あらゆる元素の内の最初の元素である水素は、宇宙創生のその瞬間から存在していたのだから、まさしく原水と呼ぶにふさわしいともいえる。

祈禱《ブラフマン》が宇宙を生み出すというほどに、観念の力はすでに認められていたのだから、それに対比される物質的原理も、そのことに見合うほどの根源性を保持していなくてはならぬのは当然であるが、そのような存在として〈原水〉は想定され、ヒラニア・ガルバはそこに宿ったということができよう。

「深大なる水(原水)が一切万物を胎児として孕《はら》み、火(熱)を生みつつ来たれるとき、彼はそれより、神々の独一の生気として顕現せり。」

「彼はその威力により、水（原水）をも見渡せり。ダクシャ（行動力）を孕み、祭祀を生みつつありし水を。彼は神々の上に君臨する独一の神なりき。」
「彼はわれらを害うことなかれ。地の出産者、また、本性を実現して天を生みし彼、はたまた輝く深大なる水（原水）を生みし彼は。」

ヒラニア・ガルバは胎児であるから、生命であるのは当然だが、最初に原水に包まれてそこで生まれた彼が、生まれるや独一の神となり、原水をも逆に生み出した地位をたちまちに獲得してしまうころは、私には水素Hから水$H_2O$は生まれ出るが、生まれ出るやその水は、世界創生の独一の神そのものとなる図式に重なって見えてくる。黄金の胎児というのは、生命に結晶した水なのであり、さらに謂えば、水自体の生命だったのではないかと、私は思う。

もう少し俯瞰《ふかん》するなら、ニュートリノ、クォークなどの素粒子から原子核を形成し、最初の元素としてのH（水素）となり、次いで$H_2O$（水）となり、やがて宇宙と生命へと展開してきた私達の物理的な成り立ちが、なにほどかはこのヒラニヤ・ガルバという神において、直観されていたのだと思うのである。

## (三)

神など不用であると、現代の多くの日本人が考えていることは私もよく承知している。

では、神に代わるどのような原理に私達は自分の生と自分達の社会の基礎を置くのだろうか。これまでどおりに経済にだろうか。政治にだろうか。

この数年私がリグ・ヴェーダ讃歌の旅を続けてきたのは、私が、自分の生及び自分達の社会の基礎を、〈銀河系＝太陽系＝地球〉という宇宙自然の内に置くほかはないと考えるからであり、そのことを喜びをもって実現するためには、その宇宙自然を神と呼びそこに自らを属させる以外にはないと考えるからである。

パスカルの賭けではないが、神に賭けて、もし敗けたとしても失うものは何もないが、もし勝てば、全宇宙は神として与えられるのである。しかも、宇宙自然としてのカミは、多くの宗教のカミがするようにいささかも独裁することなく、ただ私達を愛することと、私達から愛されることをのみ望む。

台風というのは、謂うまでもないことだが、水と風というカミの循環の姿である。

屋久島だけでも、一九号台風で何万トンの水が海へ流れ込んだか知れないが、その海と海から立ち昇る水の力によって、ヒラニア・ガルバの生み出した胎児としての私達の全生命はある。台風が来ないに越したことはないが、これもヒラニア・ガルバの止むに止まれぬ、おのずからなる愛の激しい燃焼であると考えればそれとして私達は受けて立つほかはない。

受けて立ちながら、あまり暴れてくれるな、〈われらを害うことなかれ〉と、素朴に祈るよりほかはないのである。

# 原人プルシャ

(一)

「リグ・ヴェーダ讃歌」は基本的にアニミズムの集大成だから、そこにあっては眼もくらむほどの多神教世界が展開される。

様々な氏族の様々な祭官達が、森羅万象の内からこれぞと掴《つか》んだ神を、自分達の氏族に幸福と利益をもたらすべく讃えあげた集大成が「リグ・ヴェーダ讃歌」だから、神々は多様の上にも多様であることを重ねる。

しかしながら、それを神と呼び讃える以上は、当然のことながら、より強力な神、より深い神、より恵み深い神というものが求められ、探索されることになる。

リグ・ヴェーダにおける最も強力な神はインドラ神であり、ルドラ神であるが、最も恵み深い神は、太陽神スーリア、火神アグニ、水神ヴァルナ等であるように私には感じられる。

それでは最も〈深い神〉は何か。

それは、この宇宙世界を創り出した神にほかならない。この数節を通して記してきた祈禱主《ブラフマナスパティ》という神、前節で記した黄金の胎児《ヒラニア・ガルバ》という神、そしてこれから記す原人《プルシャ》と呼ばれる神がそれに相当する。祈禱主《ブラフマナスパティ》は、いわば思念（意識）において宇宙世界を創生する神であり、黄金の胎児《ヒラニア・ガルバ》は物質原理（素粒子）によって宇宙世界は創生されたとする原理であった。

これから記す原人《プルシャ》は、いわばこの二神の性質の両方を兼ね備えた神で、人格神の要素が強い。代表的な人格神として、私達は旧約聖書のエホバ（ヤハウェ）や日本神話のイザナギ・イザナミノミコトを持っているが、プルシャもまたその人格の内からこの全宇宙世界を産み出したのである。

㈡

「原人《プルシャ》は、千頭、千眼、千足を有す。彼はあらゆる方面より大地を蔽《おお》いて、それよりなお十指の高さに聳《そび》え立てり。」

「プルシャは、過去および未来にわたるこの一切万有なり。また、不死界（神々の世界）を支配す。食物によって成長するもの（生物界・人間）をも。」

「彼の偉大はかくのごとし。されど、プルシャはさらに強大なり。一切万物は彼の四分の一にして、四分の三は天界における不死なり。」

「プルシャは四分の三を備えて上方に昇れり。彼の四分の一は、ここ（下界）に再び発生せり（現象界の展開）。これより彼はあらゆる方面に進展せり。食するもの（生物）、食せざるもの（無生物）に向けて。」

㈢

この巨大な原人プルシャを、私達は、太陽系そのものの人格化とも解釈することができる。千の頭を持ち、千の眼を持ち、千の手足を持つ、太陽系という神人が、その四分の一（部分的）の質料において、この下界（地球）を創り出したというのである。

アニミズムという思想、あるいは宗教形態を、森羅万象には霊魂が宿り、従って生きていて、善きにつけ悪しきにつけ私達に影響をもたらすものと定義するなら、この太陽系の全体をひとつの人格神と受け取り、頭を持ち眼を持ち手足を持つ者と想定することは、最も深いアニミズムの形態であると言わざるを得ない。

J・E・ラヴロックが提出した「ガイア仮説」以来、ガイアという概念は一種の流行現象のように日本の社会にも受け入れられたが、その「ガイア仮説」の根幹をなすのは、この地球自体がひとつの生物工学的《サイバネティックス》な生命装置なのではないか、という展望であった。古代インドの、プルシャとしての巨大原人神話が、科学の衣をまとって復活した、これは最も典型的な姿であると言える。

地球それ自体がひとつの生命装置であるとすれば、地球を生み出した太陽系自体も、それを生み出した事実において同じく生命装置であると言わざるを得ない。

このようなことが、宗教や神話学からではなくて、NASAの研究職員であった科学者の側から提出されてきたことに、私達の時代性というものがある。

今からほぼ三〇〇〇年前のリグ・ヴェーダ讃歌の時代の叡智と現代の最先端の叡智（科学が人類の

叡智のひとつの形であることは言うまでもない）が、前者はプルシャ、後者はガイアの名においてほぼ同一のカミに突き当たっていることを、私は喜ばしいことだと思う。

それは、アニミズムが過去の宗教観であるばかりでなく、現代及び未来の宗教観であり得ることのひとつの証明だからである。

むろんラヴロックは、自分をアニミズム主義者だとは夢にも考えていないだろうし、強いてそうなってもらう必要もないのだが、科学者としての彼がその真実を求めてゆけばゆくほど、その結果は、私達がアニミズムと呼んでいる普遍的な現代の宗教世界と等しい世界に到る。

このように記すと、真理は常に宗教者の側にあって、科学は常に後からそれを追証してくるのだという、それこそは古い神話を私が主張していると受け取られかねないが、私としてはそういうことを言おうとしているのではない。

科学も、経済学も、宗教も芸術も、政治も社会制度もすべて姉妹であり、つまり私達人間の社会に属するあらゆる文化現象は生命現象なのであり、この生命現象のすべてはより深く地域に属し、地球に属し、太陽系に属しているのだという単純な事実を、伝えたいのである。

生物は、無生物に属している。生物としての人間は、それゆえに他の生物はむろんのこと姉妹なる無生物の声をしっかりと聴かなくてはならない。四分の三の不死界の声と、四分の一の地球の声を聴くことによってしか、生きてゆけないのである。

# 宇宙という生命

(一)

一一月二三日の新聞は、山一証券崩壊のニュースで埋め尽くされている感じだったが、その片隅にかなりのスペースをさいて、「太古のサンゴ層露出」の見出しのもとに、採取されたクサリサンゴの化石標本がカラー写真で掲載されていた。

その記事によると、その層が露出したのは宮崎県の五ヶ瀬町という所で、その町の祇園山層と呼ばれる地層からは、一九五〇年代にすでに日本で最古のサンゴの化石が発見されていたのだそうである。

この夏の台風による山崩れで、今回新たに多くの化石群を含む層が露出してきたのだが、それはシルル紀層と呼ばれる地質年代のもので、今から四億五千万年~四億一千万年前のものだという。

地質年代は、五億七千万年以前の〈先カンブリア時代〉、五億七千万年前から二億五千万年前までの〈古生代〉、二億五千万年前から六千五百万年前までの〈中生代〉、六千五百万年前から現在までの〈新生代〉に分類されるが、シルル紀は古生代の古い方から三番目の年紀に位置している。そのシルル紀の終わり頃に、最初の陸上生物であるシダ類が出現したとされている。むろん人類は、まだ卵にもなっていない。

私は新聞に載ったクサリサンゴ（シルル紀を示す示準化石）のカラー写真をつくづく眺めたが、網の目のように、鎖《くさり》のように張り合わされたその生物の様態は、生物細胞の連なりそのものを思わせるような連続性とネットワーク性を示していた。

それは、改めていうまでもないことだが、生物としての私達人類の遠い祖先の、化石となった姿であった。

㈡

リグ・ヴェーダ時代の詩人、哲学者達も、現在の私達と同じように、私達はどこから来たか、私達の世界はどのようにして作られたかを、ある限りの知性と感覚を駆使して尋ね求めた。

その答のひとつが、プルシャ（原人）という神話であった。前節に引き続きそのプルシャを讃える歌を引けば、

「プルシャよりヴィラージュ（遍照者）生まれたり。ヴィラージュよりプルシャ生まれたり。彼生まるるや、地界を凌駕《りょうが》せり。後方においても、また前方においても。」

「神々がプルシャを供物として祭祀を執行したるとき、春はそのアージア（原質）なりき、夏は薪《たきぎ》、秋は供物なりき。」

「神々は、祭祀（プルシャ）によって祭祀（プルシャ）に祭祀を捧げたり。これ最初の軌範な

りき。」

「この完全に行なわれたる祭祀より、プリシャッド・アージア（原質）は集められたり。これより神々は、空飛ぶもの、森に住むもの、また村の飼わるる獣を作りたい。」

「神々がプルシャを切り分かちたるとき、その口はバラモンなりき。両腕はラージャニア（今のクシャトリア＝王族・武人）となされたり。両腿はすなわちヴァイシャ（庶民）なり。両足よりシュードラ（奴婢）生じたり。」

「月はプルシャの意より生じたり。眼より太陽生じたり。口よりインドラとアグニ、気息より風生じたり。」

「臍《へそ》より空界生じたり。頭より天界は転現せり。両足より地界、耳より方処は生じたり。かくの如く神々は、もろもろの世界を形成せり。」

㈢

少々理解しにくい部分があるが、前節と合わせ読んでいただけると巨大な原人としてのプルシャからこの全世界が生じてきた有様が少しは納得していただけるかと思う。

このプルシャ神話で大切なところは、人間の姿形に似た巨大な存在として宇宙をとらえ、その眼は太陽に、その意識は月に、呼吸は風に、頭部は天空に、足部は地界に、耳は方角に喩えられてあることである。

この宇宙は、まさしく生きている一人の神人《プルシャ》として、太陽という眼を持ち、月という意識を持ち、風という呼吸をし、天空の彼方に頭部を持ち、地界という足を持つものとして、私達を包摂している。端的に言って、これはアニミズムのひとつの極致であり、これほど壮大に宇宙を生命化、神化、図像化した例を私は他には知らない。

私達の常識からすれば、それにしてもこのように擬人化された宇宙観は、あまりにも素朴で古代的なアニミズムとして処理されるのが普通であるが、私としては必ずしもそうとは思わない。

例えば、月はプルシャ（原巨人）の意識から生まれたという神話と、太陽はプルシャの眼から生まれたという神話に注目してみると、そこには古代的素朴では済まされない永遠の人間課題が秘められている気がしてならない。

人間の機能は、古くから眼、耳、鼻、舌、身、意の六つに分かたれてきたが、その内で最も明るい機能は眼であり、見ることである。逆に最も秘められている機能は、意識である。

神は、見る者として、太陽のごとく明らかに見、また意識する者として、月のごとく秘められていつつ明らかにその意識を放つ。

人間の意識を月に喩え、見る作用を太陽に喩えることは、古代的素朴であると同時に私には最も深い未来的願望である気がしてならないのである。

クサリサンゴの化石が人間の細胞ネットワークの写しの姿を示しているように、人間という生体も宇宙システムのひとつの写しであるに違いない。その宇宙システムをプルシャと呼びかえれば、原人プルシャの神話はそのまま現代の神話として甦ってくるのである。

# 宇宙開闢《かいびゃく》の歌

㈠

書斎のガラス窓を通して、一本のマンリョウが真赤な実を美しく雨に濡らしている。

マンリョウは正月を飾る花だから、それを見ていると、そろそろお天気のよい日に山へ入って、例年のように正月用の花を採り集めてこなければと思う。

書斎の前にあるマンリョウも野性のものだが、それはこれからの冬の日々に、私としては毎朝それに合掌をしてから仕事を始めるカミの一種なので、むろんそのままにしておき、採集はしない。

野性のマンリョウをカミと見ることは、ひとつの形而上学的な視点であるが、形而上学《メタフィジクス》という言葉が西洋哲学史において措定されたのは二千年以上も古いことで、アリストテレス（紀元前三八四年〜三二二年）の哲学がその最初であった。アリストテレスは多くの著述を未整理のまま残して死んだが、それを編纂する仕事をロードスのアンドロニコスという人が受け持った。

アンドロニコスはその全著述を丹念に読み、一連の著述を先ず論理学としてまとめた。次に修辞学に関するものをまとめ、その次に自然に関する著述を自然学（physica《ピユージカ》）としてまとめた。すると、その三つの範疇のどれにも入らないもので、アリストテレス自身は第一哲学または神学と呼んでいた一連の著述が最後に残されてしまった。そこでアンドロニコスは、これを自然学（physica）の後に(meta) 来るべきものと位置づけて、meta-physica《メタピュージカ》、すなわち形而上学《メタフィジクス》と呼んだと言うのである。

かくして紀元前四世紀のギリシャにおいて形而上学は始まったのだが、その呼び名はともかくとして、自然の背後にはその自然を超えた何者（物）かが存在し、自然をして自然たらしめているにちがいないという思考は、アリストテレス以前のギリシャにもあったし、古代インドにも古代中国にもあった。

形而上学的思考は、その対をなす実証主義的思考と共に、ない合わされた一本のロープのように、表となり裏となって人類の歴史や文化文明を形成してきたのだといえる。

(二)

紀元前一三世紀を中心とした時代に編纂されたとされている「リグ・ヴェーダ讃歌」は、これから見てゆく〈宇宙開闢《かいびゃく》の歌（一〇章一二九節）〉において、ひとつの形而上学的な頂点に到達する。この節はまた、その内容にちなんで〈ナーサッド・アーシーティア讃歌〉と呼ばれているもので、nāsad《ナーサッド》 āsīt《アーシート》とは、無もない、という意味である。早速に本文を見てみよう。

「そのとき（太初において）無もなかりき、有もなかりき。空界もなかりき、その上の天もなかりき。何ものか発動せし、いずこに、誰の庇護のもとに。深くして測るべからざる原水は存在せりや。」
「そのとき、死もなかりき、不死もなかりき。夜と昼との標識（日月・星辰）もなかりき。かの唯一物は、自力により風なく呼吸せり。これよりほかに何ものも存在せざりき。」
「太初において、暗黒は暗黒におおわれたりき。この一切は標識なき水波なりき。空虚におおわれ発現しつつあるもの、かの唯一物は、熱の力により出生せり。」

このナーサッド・アーシーティア讃歌がいつ頃確定されたのかは定かではないが、紀元前一六世紀の頃に西北部インドのパンジャーブ地方に侵入してきたとされているインド・ヨーロッパ語系の一部の人達が、その民俗的形而上学においてすでに〈無もなかりき〉という時空間というものを想定していたであろうことは想像することができる。

この〈無もなかりき〉をどう解釈するかが問題で、有無を超えた絶対無の世界とするか、それとも〈無はなかりき、有もなかりき〉と解釈するかは分かれるところだが、私としてはむろん後者の解釈をとる。

ずっと時代がくだって、紀元前八世紀頃から編纂され始められたとされる古ウパニシャッドにおいて、ウッダーラカ・アールニという哲人は次のように述べる。

「天地の初めにはただ一つの実有《サット》があったのみで、さらに第二のものとてはなかったのだよ。ところがある一派の人は〈天地の初めにはただ一つの非有《アサット》があったのみで、さらに第二のものとてはなかったのだ。実有《サット》はこの非有《アサット》から生じたのである〉などと言っているが、そんなことがおまえ、どうしてあり得よう。太初にあっては全宇宙にはただ一つの実有があったのみ、さらに第二のものとてはなかったのだ。」

ウッダーラカ・アールニは、明確に実有《サット》から世界が始まったことを告げるのだが、それにしてもそれなら、その実有はどこから来たのかという問いは残る。

ナーサッド・アーシーティア讃歌においては、すでにその問いが問われていて、その結果として、太初には〈無はなかった。有もなかった〉という、非有非無の立場が確立されていたのだと思う。

物理的に有でもなく無でもない世界こそは、現代物理学がようやく解明しはじめた究極の領域であるが、その世界を紀元前一三世紀という時代にあって、すでに形而上学として確立していたということは、驚くべきことというほかはない。形而上学は、対をなす実証主義哲学と共にない合わさって、人類の歴史と文化文明を形成してきた二大要素の内のひとつなのである。

ひと枝のマンリョウの赤い実にカミを見ることは、私の主観であって、それがただちに形而上学を形成するものではむろんない。けれども私としては、このように間違いのない目前の現象をとおして、そこに自らのカミという形而上学を確立することこそが、生きることの意味にほかならないのである。

# 太初の存在

㈠

岩波新書という、いわゆる新書版の元祖になったシリーズ本が発行されてから、今年（一九九八年）は六〇周年に当たるそうで、新聞の広告には何冊もの旧版の再版目録が並んでいた。

その中に、以前から一度読んでおきたかった『零の発見』(吉田洋一著）も含まれており、早速に島の本屋さんに注文を出して取り寄せた。一九三九年初版で、すでに八五刷を重ねているこの歴史的小著を取り寄せたのは、私の頭の中に、零という概念を発見したのはインド民族及びマヤ民族であるという知識があり、その著を読めば何らかの零の発見に関する詳しい情報が得られるだろうと期待したからだった。しかしながらその期待は見事にはずれてしまった。『零の発見』には、その肝腎の事柄について〈インドにおいて零の発見されたのがいつごろであるかは、正確には知られていない。また、これが何人のなしとげた仕事であるかも、もとよりわかってはいない。ただ、多くの学者はすでに六世紀のころインドでは位取り記数法（0という数字を伴う）が行なわれていたのではないかと推定している〉と記されているのみであった。

著者はまた別の所で、〈それならば、とくにインドにおいて零の概念の発達を見たのは、なぜであるか、ということが当然問題になるのであるが、こういう種類の問題に対しては明確な答えを期待しうべくもないことは最初から明らかであろう〉として、何故インドにおいてほかならぬ〈零の発見〉がなされたのかという、私にとっては最重要と思われるテーマを追究することを放棄している。

㈡

「数学の生い立ち」というサブタイトルのあるその本に、零の発見という形而上学的な内容を期待した方がいけなかったのだが、ほかならぬヒンドゥ民族において何故零が発見されたのかを真剣に問うなら、私達は是非ともリグ・ヴェーダ讃歌にまで立ち戻り、その一〇章一二九節の〈宇宙開闢《かいびゃく》の歌〉を、よくよく味わってみる必要があると思う。

前節でも引用したけれども、

「そのとき（太初において）無もなかりき、有もなかりき。空界もなかりき、その上の天もなかりき。何ものか発動せし、いずこに、誰の庇護のもとに。深くして測るべからざる原水は存在せりや。」

という、宇宙の開闢に関する考究が示しているものは、零という概念の発見に関して重要な示唆を包含していると思う。

インド人の精神が、と記すのが不適切であれば、インド人の理性が、零という概念を発見した源には、必ずやこの紀元前一三世紀を中心とした時代に編纂《へんさん》されたリグ・ヴェーダ讃歌が横たわっていたはずであり、従ってそれは、零の発見史における第一級の史料となり得るものと私は思う。

興味深いのは、岩波文庫版の『リグ・ヴェーダ讃歌』の訳者である辻直四郎さんの注釈によれば、この第一〇章一二九節の〈宇宙開闢の歌〉は、「無もなかりき」という冒頭の一句にちなんで、伝統的に nāsad《ナーサッド》 āsītia《アーシーティア》（無もなかりき）讃歌と呼ばれてきたそうで、このことからも私達はこの歌の主題が〈無＝零〉そのものにあることを理解することができるし、伝統的にインドの人々がそのことに深い関心を持ちつづけてきたことを理解することもできる。

ところでその nāsad《ナーサッド》 āsīt《アーシート》 であるが、このサンスクリット語を、辻直四郎さんが訳出されたとおりに〈無もなかりき〉と受け止めるか、あるいは別に〈無はなかりき〉と受け止めるかではその意味が大変に違ってくる。

〈太初には、無さえもなかった。それゆえむろん有はなかった〉と理解するのと、〈太初には無はなかった。しかしながら有もなかった〉と理解するのとでは、大違いだからである。

〈無さえもなかった〉と、辻先生の訳をそのまま理解すると、その無は衝撃的な深みを持つ無となり、底無しの宇宙無となるが、そうであるとすると、その文に続く〈深くして測るべからざる原水〉の存在というものが、論理的矛盾として浮上せざるを得ない。

私はサンスクリット語の専門家でないので、確信を持って言うことはできないが、この nāsad《ナーサッド》 āsīt《アーシート》 は、非在（āsīt）は存在しない（nāsad）、という意味で、〈太初においては非在（無）はなかった。しかしながら有もなかった〉と理解する方が、後世のインド哲学の展開からしても正しいように思う。

〈無もない底なしの宇宙無〉という形而上学に衝撃を受けつつも、その無が同時に〈原水〉として存在したという記述にひっかかるからである。

㈢

サンスクリット語と同じく、数学のこともよくは分からない私であるが、零の発見は、〈無でもなく有でもないもの〉としての太初の存在、というものに大いにかかわりがあるのではないだろうか。たとえば二〇〇一年をそのように表記する時、二つ並べられた〇は非在を意味しながらも同時に実在の機能を果たし、事実として実在している。二〇〇一年という実在する質は、零を契機としているとさえいうことができる。数学はあくまで形式数学だから、それを形而上学と混同することは許されないが、数学をも人類の形而上学的行為のひとつと考える立場に立てば、零が零として機能する時には、そこはすでに、非零としての有が発動しているのだと考えざるを得ないのである。

# 蛙の歌

㈠

この世界の森羅万象には、生命ないし霊魂が宿されてあると観る思想をアニミズムというが、その語源がラテン語のアニマ（anima）、あるいはアニムス（animus）にあることは、一般的にはあまり知られていない。

animaは女性形の名詞で、㈠微風・風、㈡元素としての空気、㈢呼吸、㈣魂、㈤生活力・生命などを意味し、一義的には眼に見えぬ風、呼吸にかかわる言葉である。

一方でanimusは、男性形の名詞で、㈠生命、㈡霊魂、㈢精神・心素、㈣知力、㈤思惟などを意味し、アニミズムの直接的な語源としてはこちらの方がより近いことが知られる。

二〇世紀になって、深層心理学、潜在意識ということが言われはじめ、C・Gユング（一八七五〜一九六一）はこの二つの言葉に注目して、アニマを我々男性の心奥に潜む女性憧憬原理と位置づける一方で、アニムスを女性の心奥に潜む男性憧憬原理として措定した。

男の心の奥深くには、風あるいは呼吸としての女性原理が支配しており、女の心の奥深くには、生命ないし霊魂としての男性原理が支配している、という着目で、これは大変理にかなったことだと私も思う。

私は、現在及び未来への文明の在り方という視点から、新しいアニミズムということを考え続けているのだが、ユングにおけるアニマ・アニムスという概念も視野に入れて、アニミズムを、〈この森羅万象の内には、風、呼吸、生命、霊魂が宿されてあると観る思想〉ととらえ直してみると、アニミズムから宗教臭さが、さらに少しぬけて、宗教を求めつつも宗教嫌いの現代人にもある程度は理解していただけるものとなるのではないかと思う。

(二)

このようなことを記したのは、辻直四郎訳の『リグ・ヴェーダ讃歌』には、〈無もなかりき〉という形而上学に引きつづいで、一転してまさしくアニミズムそのものにほかならぬ、「蛙《かわず》の歌」という一節が出てくるからである。

「沈黙の戒を守る祈禱者（詩人兼祭官）のごとく、一年の間蟄居《ちっきょ》したるのち、蛙たちは今声を挙げたり。パルジャニア（雨神）に誘発せられたる声を。」

「乾ける皮袋のごとく沼に伏したる蛙の上に、天水（雨）の降りきたれるとき、仔牛もつ牝牛の啼《な》き声のごとく、蛙の叫びは一斉に挙がる。」

「雨期きたりて、水にこがれ渇けるものどもの上に雨降るや、アッカリーと呼び返して、一つ

は他の呼ぶものに近づく。子が父に近づくごとくに。」

この「蛙の歌」は、雨乞いの祈禱の時に唱えられるものだそうだから、この歌自体が呪歌であると同時に、ここに呼び出されて在る蛙がその呪《じゅ》の本体でありカミであることは言うまでもない。雨神《あめがみ》と蛙ガミは一体のものだから、蛙ガミを讃えることによって雨神を呼ぶのである。

蛙がカミであることは、日本の民俗の中にも、近ごろはめったに見なくなったが、商店の店先に置かれた大きな瀬戸焼きのガマガエルのこともあるから、決してインドの風土に特有のものではない。平安時代の末期に描かれた「鳥獣戯画」の中の蛙なども、日本人の心性の内に小さなささやかなカミではあるけれども、蛙がカミとしての位置を占めてきたことを物語っていると思う。

㈢

リグ・ヴェーダは、〈天水（雨）の降りきたれるとき、仔牛もつ牝牛の啼き声のごとく、蛙の叫びは一斉に挙がる〉と、その啼き声を讃えているが、この一節から私が思い起こすのは、斎藤茂吉における〈蛙の歌〉である。

大正二年、母危篤の報せを受けた茂吉は急ぎ東京から郷里の山形県上《かみ》の山《やま》へ帰郷するが、その際の歌五九首が「死にたまふ母」と題されて、代表歌集『赤光《しゃっこう》』の内に収録されている。

その内の何首かを以下に挙げてみると、

みちのくの母のいのちを一目《ひとめ》見ん
　一目見んとぞただにいそげる

朝さむみ桑の木の葉に霜ふりて
　母にちかづく汽車走るなり

上《かみ》の山《やま》の停車場に下りて若くして
　いまは鰥夫《やもお》のおとうとを見たり

寄り添へる吾を目守《まも》りて言ひたまふ
　何かいひたまふわれは子なれば

死に近き母に添寝《そひね》のしんしんと
　遠田のかはづ天に聞ゆる

のど赤き玄鳥《つばくらめ》ふたつ屋梁《はり》にゐて
　足乳根《たらちね》の母は死にたまふなり

さ夜ふかく母を葬《はふ》りの火を見れば
　ただ赤くもぞ燃えにけるかも

灰のなかに母をひろへり朝日子《あさひこ》の
　のぼるがなかに母をひろへり

このような親子あるいは家族の親愛関係を、私としてはやがて来る時代も基本的な人間関係として大いに大切にしたいと考えるが、そのことは今は別にして、ここで歌われた、〈しんしんと天に聞ゆる〉遠田のかはずの啼き声こそは、蛙がカミであることが実感された例証であると思う。死に近き母を、近在の森羅万象が悲傷しているが、かはずの啼声はわけてもそのことを告げる風であり、呼吸であり、生命であり、霊魂としてのカミだったのである。

# 賭博者の歌

(一)

リグ・ヴェーダには、「賭博者の歌」というものまで出てくる。

ということは、紀元前一〇世紀前後のその頃からすでに賭博という止むに止まれぬ情熱はあったわけで、その事実の古さにまず私は驚く。ドストエフスキーの「賭博者」顔負けの賭博本能とも呼ぶべきものが、そこには赤裸に描き出されている。

「高き木の耳飾り(賭博に使うヴィビーダカと呼ばれる実の比喩)はわれを酔わしむ、風吹くところに生まれ、賭場に跳ねまわるとき。ソーマ酒の宴に似て、それは眠ることなくわれに見えたり。」

「妻はわれを咎めざりき、怒りしこともなかりき。妻はわが仲間に、われにもまた親切なりき。されど一つ余りの骰子《さい》ゆえに(その目が最悪だったらしい)われは貞淑なる妻を離別せり。」

「骰子もて賭博にふけらじと、われ心に思うとき、去り行く仲間のあとにわれひとり残さる。

また褐色の実は賭場にまかれて声を挙ぐるや、われは実に彼《げ》らとの逢引に急ぐ、恋人をもつ女子のごとく。」

「骰子もて賭博をなすなかれ、ただ田畑を耕せ。財産を重く尊びて、満足してあれ。そこに牝牛あり、賭博者よ。かくサヴィトリ女神（激励の神）はわれに告ぐ。」

「乞う、われと和睦を結べ。われらを憐れめ。恐ろしき魔力もて、われらを酷《むご》く呪縛《じゅばく》するなかれ。今や汝ら（賭博本能）の忿怒、敵意の鎮まらんことを。今や他の者をして褐色の実の罠《わな》の中にあらしめよ。」

㈡

私は、学生時代の一時期に麻雀にとり憑《つ》かれたほかは、賭博をしたことがないので確信は持てないが、人間の内には〈賭博神〉とも呼ぶべき本能が宿っていることは、確かであろう。リグ・ヴェーダにあっても、それ以後の人間社会史にあっても、その〈賭博神〉は悪しき力として否定されつづけたのであるが、近頃盛んに勧められるベンチャー企業の精神は、もしかすると魔力ではない善き本能としての〈賭博神〉にこそ、その情熱の源を持っているのではないかと思う。

というのは、つい最近のこと、読売新聞の全面広告で「ウコン」という植物が載り、上半分はウコンの解説、下半分はそれを生薬化した企業の広告という、ひと昔前なら思いも及ばなかった事柄が現実になっているのを、眼にしたからである。

インドが原産地といわれるウコンは、カレー粉の黄色成分であるターメリックとして、また薬草として五〇〇〇年も前からインドや中国で使われていたというが、屋久島の平地にも自生している半野生の植物である。

一〇年かそれ以上前のある時、カレーの黄色成分であるウコンがこの島に自生していることを知り、私はそのひと株を自家用の畑に植え付けてみた。半ば以上の野生植物だから、たちまち増えて畑いっぱいになったが、カレー粉を自家製造するわけにもゆかず、煎じて飲めば肝臓に良いというがこちらは特別に肝臓が悪いわけでもなく、ただウコンを栽培しているという自己満足だけで、半ばはもてあましているのが実状だった。

それがここ何年かの内に、クルクミンという主成分の薬効が検出されたことによって、健康志向の波に乗り、あちこちで盛んに宣伝されるようになった。屋久島でもそれを専門に生薬化する企業が出現し、新聞の全面広告の一角に他社ともに広告を提供するまでに急成長してきた。

目ぼしい企業の少ない屋久島の産業界にあって、全国紙に広告を出すほどのそれが出現したことが喜ばしいが、それにつけても思うのは、私などはそれを企業化することなど現実には思いつかぬのに、同じ島に住みつつ企業化することを思い立った人の、その最初の賭けにも似た決意である。

㈢

企業を起こすことはもとより賭博ではないが、最初にこれは行けると直感し、取り組もうと決心するその過程にあっては、おそらくは賭けに似たある種の本能、噴出する止みがたい熱情というものが働くのではないだろうか。

企業家には、むろん冷静で合理的な計測と予測があるだろうが、その奥にある原初の熱情は、賭博者の熱情とじつは同一のものなのではないだろうか。

神々の徳と力を讃える讃歌集であるリグ・ヴェーダの中に、「賭博者の歌」という一節が位置を占めているのは、賭博そのものを悪として告発するためでなくて、その奥にひそむ人間の制禦しがたい熱情を、神として解放するためにこそ置かれてあるように私には感じられる。

先に引用した五つの詩句の内の最後の詩句に、「乞う、われと和睦を結べ」とあるのは、そのようなリグ・ヴェーダの詩人達の意図を示しているものと思われるのである。

私はこの数年をウコンの生薬化には費さず、リグ・ヴェーダの生薬化にこそ費してきたのであるが、その賭けは社会的にはあるいはまたしても敗北するのかもしれない。けれども、私の内にあるリグ・ヴェーダこそ真実であるという確信、熱情は激励の宇宙神であるサヴィトリに鑑《かんがみ》てもいささかも恥じるものではない。

実存は〈選択〉であるという見地に立つ時、その〈選択〉はある意味では賭けであり、最も純粋な〈選択〉は賭博行為に現われるということさえできる。その微妙な精神の領域に三千年前にすでに踏み込んでいたリグ・ヴェーダの鋭さに、改めて私は驚くのである。

# 少年と車の歌

㈠

昨年の秋の台風で、樹齢二〇〇〇年と推定されていた蛇紋《じゃもん》杉という杉が、根こそぎに倒れた。そのことを知ってから、私はこれまでに三度その杉に会いに奥岳の中腹まで出掛けて行った。

標高一〇〇〇メートル地帯の森の中に倒れているその杉に会うためには、家から約一時間半車を走らせ、さらに一時間ほど歩かなくてはならないから、ちょっと散歩する気持では行けないのだが、近々にまたもう一度会いに行こうとさえ考えている。

というのは、この二〇世紀（二〇〇〇年）がやがて終わろうとするこの時期に、二〇〇〇年の樹齢を持つ杉が倒れたということには、偶然というよりは必然性が感じられ、私達の二〇〇〇年の文明史を倒れた杉の視点から考えてみる必要があるという気持があるからである。

それに加えて、さらに身近なもうひとつの関心がある。倒れた杉を最初に見に行った時に、私はなぜかそこにブッダの大涅槃《ねはん》の姿を感じてしまい、ブッダの死が死と呼ばれず、マハー・ニルヴァーナすなわち大いなる涅槃と呼ばれる理由が分かった気持がした。

ゆるやかな谷筋へ向けて横たわっているその巨杉の姿からは、大いなる悲しみとともに、悲しみのかけらもない深くやすらかなものが伝わってきて、その杉が生きて天を衝いていた時よりいっそう巨きな存在感を与えてくれた。その杉は倒れたことによって生命の時を終えたのであるが、その今の方がいっそう深く生きていることが感じられたのである。

そこには、ブッダの死と同じく、死と呼ばれず涅槃《ニルヴァーナ》と呼ばれるべき、何かしら大いなる存在があった。死というものを解く鍵がどっしりとそこに横たわり、〈私を味わい、私を解きなさい〉と告げているように思われるのである。

## (二)

リグ・ヴェーダ讃歌には、「少年と車の歌」と題された、内容がかなり不鮮明ではあるが、死神《ヤマ》がテーマであることだけは確かな一節が出てくる。

「美しく葉の繁る木のもとにヤマ(死者の支配者・後の死神・日本に入ってエンマ大王)が神々と会飲するところ、そこに部族の長《おさ》、われらが父は古代の者たちを求めて注視す。」

「少年よ、汝が意によって作りたる、新しき無輪の車、一本の轅《ながえ》をもつのみにして、あらゆる方向に面する車(一生の象徴?)、そが上に汝は乗る。みずからは見ることなく。」

「誰が少年を生みたる。誰が車を作りいだせる。そも誰がそを今日われらに語り得ん。装備がいかにありしかを。」

「装備がいかにありしか。それに従いて頭部（人生の初期）は生じたり。基部（人生の主要部）は前方に拡がれり、出口（死）は後部に作られたり。」

「こはヤマの座なり。そは神々の宮居と称せらる。ヤマの笛はここに吹かる。彼はここに歌声もて荘厳《しょうごん》せらる。」

㊂

意味不鮮明ではあるが、この節から受ける確かなものは、死神《ヤマ》という存在が暗闇や虚無の世界とは無縁の〈美しく葉の繁る木のもとで他の神々と会飲している〉もので、そこは神々の宮居とさえ見なされている、ということである。

死を、暗闇と虚無への移行ととらえるか、〈美しく葉の繁る木のもとでの他の神々との会飲〉の世界ととらえるかは、時代と社会によって様々なバリエーションはあるにしても、その時代と社会にとって最深の価値観を形成する基軸となることは間違いあるまい。

神なき現代の日本の社会が、一般的には、死を暗闇と虚無と認識する社会であることは、言うまでもない。日本の社会のみならず、産業革命時代以来の文明〈先進国〉の社会が、死を日々に年々に、暗闇へ虚無へと追いやってきたことも確かなことであろう。

この二〇〇〇年間の私達の文明は、生という欲望をあくまで追求展開する性質の濃い文明だったのであり、その結果、死を暗闇へ、虚無へと追いつめてゆく性質の文明ともなった。それが悪であったなどと言うことは決してできないが、どのように追いつめても死は厳然として存在し、逆にその暗闇性と虚無とが社会全般に眼には見えない霧のように広がって、すべての生の価値を意味のないものへと変換しはじめているのが現代文明であるとすれば、私達の死生観を改めて問い直す時が今こそ来ている。

蛇紋杉と呼ばれた一本の巨杉が、二〇〇〇年の生命を終えて谷に横たわった姿からは、少なくとも暗闇や虚無の感覚は伝わってこない。それは、生きてそこに在った時にも増して濃い、巨いなる存在であり、いわば生以上に深い生としての死ですらあった。

私は今、そのような死を表現する言葉を全身全霊を尽くして探しているのだが、まだそれを〈自然＝自《おのず》から然《しか》らしむもの〉と呼ぶ以上には、正確に呼び得ていない。〈自然への気概、自然の気概〉というプラトン発の言葉がかすかに訪れてきてはいるが、まだそれは概念を形成するまでには到っていない。

これからまた何度か小花山《こはなやま》と呼ばれているその杉の横たわる森へ通い、その姿に触れることによって、新しい千年紀への自分の言葉を摑み取りたいと願っている。

目下のところ明確なことは、死は虚無ではなく、暗闇でもないからには、それを社会的にも虚無にしてはならず、暗闇にしてしまってもいけないという気概が、私に宿っているという事実である。

# 長髪の苦行者の歌

㈠

もう一カ月以上前のことになるが、四月の末、雨つづきのエルニーニョの春の中を、インドからひとつの風が吹いてきた。

といっても、それはインド政府が行なった悲しい核実験のニュースのことではない。核実験と同じ放射性廃棄物質をこの世界にもたらす原子力発電が国策として、今もなお堂々と遂行されているようなこの国をドロップアウトして、もう二〇年近くもヴェナレスに住んでいるKが、久し振りに屋久島の私達の集落を訪ねてくれたのである。

ビザその他の関係で、Kは時々日本に戻ってくる、というより訪ねてくるらしいのだが、屋久島に来てくれたのは八年振りのことで、再会した時、私にはすぐにはそれがKであるとは分からないほどであった。大柄で恰幅《かっぷく》のよい人と記憶していた彼が、今は野生の鹿のように引きしまった、むしろ小柄で誠実な人柄として眼の前にあったのである。

風の噂では、長年ヴェナレスに住みついたKは、その地でジャパニババ（日本人尊者）と愛称されるほどに、訪れてくる外国人はもとより、インド人達の間でも名の知られたバジャン（音楽による礼拝）の導師になっているのだという。

一日、私達の集落の集会所で、バジャンとしてよりは音楽会としての小さな集まりを持ってもらったのだが、初めて聴く彼の音楽の深さに私は心底から驚いた。バジャンという伝統の全くないといってよい日本の風土の中にあって、彼は音楽としての礼拝を、少しも堅苦しいものではなく、音楽そのものとしてものの見事に演奏しかつ歌ってくれたのである。

㈡

リグ・ヴェーダ讃歌の中には、「長髪の苦行者の歌」、という一節が出てくる。

「長髪者《ケーシン》は火を、長髪者は毒を、長髪者は天地両界を担《にな》う。長髪者は万有を担う、そが太陽を見んがために。長髪者はこの光明と称せられる。」

「風を帯とする苦行者《ムニ》たちは、褐色にして垢《あか》を衣服としてまとう。彼らは風の疾走に従いて行く。神々が彼らの中に入りたるとき。」

「風と共に走る、風神《ヴァーユ》の友、しかして苦行者は神々により派遣せらる。彼は両洋に住む、東なる海と西なる海とに。」

㈢

この島に定住して久しい私から見れば、Kのような生き方をしている人は、まさしく風神ヴァーユの友であり、風を帯として世界を旅する苦行者《ムニ》であるが、インドには、まさしくこのリグ・ヴェーダの一節に存在の根拠を置いていると考えられる、一群の遊行者達がいる。

ベンガル州を中心に、何百年、何千年にわたって放浪（風）の伝統を保ちつづけてきた、BAUL《バウル》と呼ばれる人々である。

バウルとは、〈風の病《やまい》に犯された者〉すなわち風狂者を意味し、一般のベンカル人達にとっては彼らは風狂者というよりむしろ聖者に近いイメージであるらしい。彼らは、ヒンドゥ服とモスリム服の両方を着用し、一切の慣習にとらわれず、風を住みかとし、家から家、村から村へと、音楽によって神を讃えながら一生の間、旅をつづけるのだという。

ほぼ三〇年以前、Kとは別の親しい友人がそのバウルに出遇うべくインドへ旅立ったことがある。もしバウルに出遇ったら、もう日本には戻らないかもしれないとその友人は言ったので、私としては彼がバウルに出遇わないことを強く願った。幸い彼はバウルには遇わず、一年くらいで無事に日本に戻ってきたが、その時以来、私のインド関心の内にはバウルという存在がありつづけてきた。

三〇年の時間はあっという間に過ぎて、当時は神秘の奥にあったそのバウル達の内のひとつのグループが、日本にまでやってくる時世になった。昨年の秋に、東京・大阪・松本その他でコンサート（バジャン）を開いていったのだが、私はその中の松本の神宮寺というお寺で開かれたバジャンをビデオで観ることができただけであった。

あの伝説的なバウルが、時代が展開したとはいえよく日本にまで来たものだと、大いに期待しながらビデオの画面にしがみついたのだが、驚いたことにそのメンバーの中には日本人の女性がいて、彼女はそのグループのリーダーと結婚しているのだという。

三〇年という時間は、インドの中の最も深いインドと感じられていたバウルをして、ここまで身近な存在に顕在化させていたのである。

インドに続いてパキスタンが核実験を行ない、核配備をした背後には、周知のようにヒンドゥとモスリムの深い宗教対立がある。宗教対立がお互いの核配備までをもたらしたからには、オウム真理教事件に引きつづいて私達の宗教関心は、ますます大きな荷物を負わされたというほかはない。

けれども、バウルがバウル聖者と呼ばれるゆえんのひとつに、彼らがヒンドゥ服を身につけることとモスリム服を身につけることを、一切こだわらないという伝統を持っていたことを思い出していただきたい。

風神《ヴァーユ》というアニミズムの神は、インドの風とパキスタンの風と、また日本の風との分け隔てなどしない。風神《ヴァーユ》を神とし、友とする者は、そのことを思想というよりは本能的な喜びとして、リグ・ヴェーダの時代から現代まで、細々とではあるが伝えつづけてきたのだということができる。

私が、一見して日本の社会の在りようとは無関係のリグ・ヴェーダ讃歌に深入りしてきたのも、思えばひとつのバウル的な行動様式だったのである。

# 食物を讃える歌

## (一)

無宗教の人達からは嘲《わら》われるかもしれないが、わが家では食事の前に家族で合掌をして次のような言葉を唱える。

「御仏《みほとけ》と皆《みな》さまのおかげにより、この御馳走《ごちそう》を恵《めぐ》まれました。深《ふか》く御恩《ごおん》を喜《よろこ》び、有難《ありがた》くいただきます。」

この言葉は、亡き両親の菩提寺である山口県の向岸寺というお寺が、木綿布に印刷して配布してくれたもので、居間のすだれに何年か前から貼りつけておいたものである。

私自身は、このような言葉を食前に唱える家庭のありようを願っていたが、それを家族全員に押しつけるのもどうかと思い、ただすだれに貼りつけただけで、あえてそれを口に出して唱えることはしないでいた。

そうしたところが中の娘が五歳くらいになって、平仮名が読めるようになった頃、ある日、突然〈食前《しょくぜん》のことば〉と題されたそのふりがなつきの言葉を、食事の前に読み始めた。それにつられて皆で唱えるようになり、短い言葉だからすぐに皆で覚えてしまい、爾来《じらい》もう二年近くそのことが習慣となった。

特別に仏教徒であるわけでもない妻が、あえて反対することもなく喜んで唱えるようになったのは、発案者が私ではなく幼い娘だったからかもしれないと思う。

## (二)

リグ・ヴェーダにも、素朴に食物《ピトゥ》を讃える歌が出てくる。

「われ今、力強く食物《ピトゥ》を讃う。維持者であり、威力者である食物を。その力によりトリタ(インドラ神の別名)はヴリトラ(悪魔)を関節ごとに切断したり。」

「甘美な食物よ、甘き食物よ、われらは常に汝を選べり。われらの支援者たれ。」

「われらに近づき来たれ、食物よ。吉祥なるものとして、吉祥なる支援を伴い、喜ばしく、厭《いと》わしからず、いと懇《ねんご》ろにして二心なき友として。」

「汝の上に、食物よ、偉大なる神々の意《こころ》は置かれたり。快きことはなされたり、汝の標識のもとに。トリタは汝の支援によりてヴリトラを殺したり。」

この場合の食物《ピトゥ》は、ソーマ酒などを含む飲食物全般を意味しているようだが、私達にとって最も身近な飲食物そのものを神としている点で、最も大切なカミ意識のひとつであると思う。

㈢

私などが子供の頃には、ご飯を食べながらこぼしてそのままでいると、ひと粒の米でも粗末にすれば目がつぶれると、祖父母からきつく諭《さと》されるのが常であった。

ひと粒の米をカミとする伝統は、インドのリグ・ヴェーダまでさかのぼらなくても、つい四〜五〇年前までの日本の社会において充分に生きていたのである。

一日に、東京都だけでも何十万トン何百万トンという量の残飯が放出されるというこの飽食の社会は、それだけでもう充分に絶望の社会であり、やがて滅亡する運命にある社会だと感じざるを得ないが、そのことについてはこれ以上は記さない。

ここである懐かしさを伴って思い起こされるのは、故ネール首相が初めて日本を訪れた時のことである。

それがいつ頃のことだったか、記憶はもう消え果てているが、羽田空港に降り立った首相の合掌しつつ挨拶をしている姿が、私の心には大変美しい神秘的な姿として、今でも一枚の写真のように焼きつけられている。それが新聞写真だったのかテレビニュースだったのかも思い起こすことができないが、首相といういわば世俗政治界のトップの座にある人が、合掌という純粋な宗教的行為とともに現われたことに、心から驚かされたのである。

昭和二〇年代後半だったか、それとも三〇年代だったか、少年期から青年期へと移りつつあった私には、合掌などという行為はすでに民俗学の世界の出来事のようにしか感じられていなかったのに、ネール首相は、この世界に現実にそのような〈高貴なる世界〉というものが存在することを体現しつつ、忽然と日本の社会の中に姿を現わしてこられた。合掌という行為が僧侶の専有物ではなく、ひとつの大いなる文化文明であることを、ネール首相は明らかに告げていたのであった。

ずっと後年になって、私がインド・ネパールの聖地巡礼の旅に出るようになった源には、その時のネールの姿があったのかもしれないと思う。

そのネール首相とも親交があり、インドの各地に平和仏舎利塔《シャンティ・ストゥパ》を建立された日本山妙法寺の藤井日達上人は、私の師のひとりであるが、次のような有名な言葉を遺《のこ》されている。

「文明とは電灯のつく事でもない、飛行機の有る事でもない。原子爆弾を製造する事でも無い。文明とは人を殺さぬ事であり、物を壊さぬ事であり、戦争をしない事であり、相互に親しむことであり、相互に敬うことである。」

ネール来日の前後に記された藤井日達上人のこの古いマニフェストは、現在もなお何よりもすぐれたひとつの深い文明論であると私は思う。

相互に親しみ、敬うという関係は、単に人と人との関係にとどまらず、人と物との関係にまで深められており、それが形として現われ出たものが合掌という姿にほかならない。

食事の前後に、せめて、いただきますと合掌し、ごちそうさまと合掌することは、宗教的な行為であると同時に、それを超えた、私達の永く続く文明のための、古今東西を問わぬ第一歩なのだと思わないわけにはいかない。

# 太初の祭祀

## ㈠

毎年八月の第一土曜日から日曜日にかけて、屋久島では「屋久島ご神山祭り」というものが催される。

この祭りは今年で一七回目だから、決して由緒や伝統の深い祭りではないのだが、私の見る限りでは年々に参加者も増えて盛んになり、島民の新しい夏祭りとして定着してきているように感じられる。

敗戦以来五〇年、特に熱心に神仏を殺してきた日本の社会にあって、晴れて神仏を祀る本来の祭りが年々に衰退してきたのは全国的現象であるが、その一方では何とかして新しい時代の祭りを創り出そうと、日本の各地で無数ともいえる試みがなされているのも事実である。「屋久島ご神山祭り」も、そうした地域建て直しへ向けての新たなる努力のひとつだといえる。

ドラゴンボートレース、金管バンドパレード、納涼船川下り、屋久島太鼓、芸能大会、お楽しみ抽選会、打上花火大会、たくさんの出店、などがその内容であるが、その中に大切な行事として「ご神水みそぎ」と「ご神火おこし」というふたつの神事が組み込まれてあることが、この祭りの特徴である。

宮之浦川という川に沿った町役場に近い大きな広場が会場であり、つまり神社とは一応縁を切った祭りであるにもかかわらず、その精神的な中心に「ご神水みそぎ」と「ご神火おこし」というふたつの神事が置かれてあることが、屋久島ならではの新しい祭りとして、私には好ましい。

㈡

リグ・ヴェーダ讃歌の「祭祀の創始に関する歌」の節は、太初における祭祀の起源について次のように深く詩的に述べる。

「あらゆる方面に糸もて張られ、百一の神事もて拡げられたる祭祀、ここに来たれるこれらの祖霊たちはそれを織る。前に織れ、後に織れといいつつ、彼らは張られたる糸のもとに坐す。」

「太初の人はそれ（祭祀）を張り、糸を刺す。太初の人は、祭祀をこの天空まで遠く張りたり。ここに木釘あり（固定のため）。祭祀者たちは座につけり。彼らは旋律を梭《おさ》となせり、織らんがために。」

「それにより、人間なる聖仙たちは祭祀を整備したり。われらの祖霊たちは、太古の祭祀が誕生したるときに。われは思う、意《マナス》（思考力）を眼《まなこ》として、最初にこの祭祀を行ないたる彼らを見つつありと。」

「祭事は讃頌《さんじゅ》を伴い、韻律を伴えり。神的七聖仙は祭祀の規範を伴えり。洞察力ある人々は、太初の聖仙たちの道を顧《かえりみ》て、祭祀の手綱を握れり、車を御する者のごとくに。」

今からほぼ三〇〇〇年前という時点に立つ讃歌者が、さらに太初からの祭祀を讃えるのだから、訳者の辻直四郎先生の必死の努力にもかかわらず、その内容は必ずしも正確には伝わってこないけれども、太初の祭祀が〈意《マナス》（思考力）を眼《まなこ》として〉執り行なわれたものであることだけは、明らかに了解できる。

㈢

祭祀の起源は、疑う余地もなく私達人間の深い意向《マナス》にあり、願いにある。祭祀とは、私達に共通の最も深い意向《マナス》や願いを形として顕在化させる儀式だったのである。

神は死んだのか、それともまだ生きているのか、神は必要なのか、それとも今や不必要なのかの議論はともかくとして、この世紀末を生きる私達の一人ひとりが、人間として正当な願いを持ち一人ひとりの深い意向《マナス》において暮らしていることはまぎれもない事実である。

その一人ひとりの意向《マナス》と願いが、何千本何万本の糸のように織りなされて、一枚の織布のように顕在化したものが祭祀であるとすれば、地球上のあらゆる民族があらゆる地域で、これまで祭祀を欠かしたことはなかったし、現在もそうであるし、これからも人類が存在する限りはそれが続けられるだろうことは明白である。

オリンピックやワールドカップのようなスポーツの祭典、あるいは経済のグローバリゼーションという御輿《みこし》かつぎのような国際規模の祭祀から、わが「屋久島ご神山祭り」のような地域における小さいけれども密接な祭祀に至るまで、祭祀の規模や種類はそれこそ無数に存在するが、過去と現在と未来のすべての祭祀が私達の最も深い意向《マナス》と願いに基づくものであるからには、その意向《マナス》と願いは常に普遍性（全体性）へと開かれたものでなくてはならない。核エネルギーを祀る祭祀というようなものを、私達が思いつくこともできないのは、当然のことながらそれが普遍的に開かれた私達の意向《マナス》とはなり得ないからである。

神は死んだか、生きているか、必要であるか不必要であるかの議論は別にして、「屋久島ご神山祭り」において「ご神水みそぎ」と「ご神火おこし」というふたつの神事が執り行なわれることを私は喜ぶ。むろん夜空に打上げられる大花火や、かき氷その他のたくさんの出店や、ステージの芸能大会もうれしいが、水と火というふたつの要素は、私達の生命にとって最も根源的な善の要素であり、浄らかな水と、有害廃棄物を出さない浄らかな火とは、私達の根源的な意向《マナス》と願いに普遍的にかなうものだと考えるからである。

今年もまた八月が巡ってくる。小さな地域の小さな祭りではあるが、そこに住む者にとってはそこそが地球そのものである。この島にいつまでも浄らかな水が保たれ、浄らかな火が保たれることを意向《マナス》して、私達は今年も家族そろって「ご神山祭り」に出掛けるだろう

# 激情の神と信仰の神

㈠

この島という場に住んでいると、ここが多神教の場であることを感じないわけにはゆかない。

山を見ていると、それが何の変哲もないただの山であったとしても、ある朝は特別に美しく輝き、私を深い思いへと導いてくれるゆえに、それは山であると同時に神以外のなにものでもない。それは、高く大きく私を超えて私を養ってくれている神である。

その一方で、反対側には海という神もある。それは底知れず深く、果て知らず広がる青い水で、そこで最初のDNAが形成された神以外のなにものでもない領域である。

山と海とをつなぐ谷川という神もある。私はこの二一年間その谷川を眺めつつそのほとりで暮らしてきたが、その眺めと手触りからはいつでも無二の喜びを与えられつづけてきた。神とはそれを与えてくれるものの別名にほかならない。

私は一神教を否定しないが、山と海と谷川と三者三様に現われてくる神々に日々に接すれば、多神教の世界こそは大いなる事実であることを思わないわけにはゆかない。

(二)

リグ・ヴェーダの世界はむろん多神教の世界で、しかも森羅万象教《アニミズム》の世界であるから、自然界の万象が神々へと配置されるのは当然であるが、その一方では私達の心の内に起こる感情そのものをも神の位置に配置する。

例えば、私達の内に時として起こる忿怒《ふんぬ》の感情は激情《マニウ》神として位置づけられ、その反対の敬虔《けいけん》な感情は信仰《シュラッダー》という神に配置される。忿怒《マニウ》心と信仰《シュラッダー》心という相反する二つの感情が、相並んで神と位置づけられるところに、私の理解では多神世界としてのリグ・ヴェーダの深さと豊かさがある。

「激情《マニウ》よ、汝と車を共にし、破壊し、激昂し、豪胆なる勇士たち、マルト神群（軍神）を伴う神よ、鋭き矢をもち、武器を研ぎすます勇士たちは、アグニ（火神）の形相を呈しつつ、敵に向かって進め。」

「マニウよ、われらに対する敵意を克服せよ。破壊しつつ、破摧《はさい》しつつ、粉砕しつつ、敵に向かって進め。彼らかつて汝の恐るべき形象を阻《はば》みたることなし。汝は随意に彼らを随順せしむ。独一者として生まれたる神よ。」

この神が、軍神としてのマルト神群を伴い、火神《アグニ》の形相を呈するというところに、歴史においても私個人においても、世界の現実においても、そのリアリティは現在も存在する。

しかしながらその一方では、

「信仰《シュラッダー》をもちて祭火は点ぜらる。シュラッダーをもちて供物は捧げらる。バガ（幸運）の頂点において、われらは言葉もてシュラッダーを告知す。」

「シュラッダーをわれらは呼ぶ。早朝に、正午に、日没に。シュラッダーよ、ここに人々をしてわれらを信頼せしめよ。」

同じ火神《アグニ》を媒介にして、こちらではその火は信仰《シュラッダー》神を呼ぶ祭火ともなるのである。

㈢

ヒンドゥ民族のそれこそ八百万《やおよろず》の神々の歴史において、激情神《マニウ》も信仰《シュラッダー》神も大神とはならなかったが、これを戦争と平和という人類の歴史の中味において考えるなら、リグ・ヴェーダ以来の三〇〇〇年間はもとより、現在においてもなおこの二つの神は、私達一人ひとりの素朴な感情に起因しつつ世界を覆っていることを、改めて認めないわけにはゆかない。

私の理解では、忿怒神《マニウ》はやがてマルト神群という軍神へと普遍化され、マルト神群はさらにインドラ神（帝釈天）という正義の力の大神へと普遍化される。リグ・ヴェーダに登場する神々の内、最も讃歌が多いのはそのインドラ神であり、従って最も力も人気もある神がインドラであるのは事実であるが、私としてはどうしてもこの神は好きになれない。

現代の地球社会にあって、最も力も人気もあるインドラ国家としてのアメリカを、多くの人は讃えるが私はしんから好きにはなれないのと、それは平行している。

インドラ神を生み出した源の激情《マニウ》という神に関して私が思うことは、仏教における不動明王という神格の形成である。ご存知のように不動明王は、火炎を負った忿怒の形相を持つ明王であるが、その本質は文字通りに不動《アチャーラ》、動かぬ、ということにある。忿怒という激情が時として私達を支配し、神となるのは事実だとしても、それを正義として解放する（インドラ）方向と、それを事実と認めつつもそのエネルギーを不動《アチャーラ》（忍耐）の智慧に封じこめる方向とでは、それが私達の社会と歴史にもたらす結果は大いに異なってくるだろう。

忿怒神→軍神→正義神という解放の方向性と、忿怒神→不動明王→智慧神という解放の方向性のいずれがより優れた現実問題の解決方向であるかは即断できないが、歴史において前者が何千何万億人という生命を殺りくしてきたのは事実である。

忿怒《マニウ》（核兵器開発）という現実があることから私達は眼をそらしてはならないが、それゆえにこそその忿怒を、不動《アチャーラ》（核廃絶）の内に封じこめる智慧をも私達は同時に持っているはずである。

忿怒《マニウ》が現実であればあるほど、不動《アチャーラ》と関係深い信仰《シュラッダー》というもうひとつの神が、ただにリグ・ヴェーダの時代のみならず、現代においても、個人と個人の関係において、また国と国との関係において、意味を持ち力を持ってくるのでなくてはなるまい。アニミズムの領域は、海山川等の自然神のみならず、不動《アチャーラ》、信仰《シュラッダー》、祈禱《ブラフマン》等の感情や行為の領域にまで及んでいるのであり、まさしく生きている現代思想であると言わなくてはならない。

# 智慧の歌

㈠

## 真事《まこと》

いろりを焚いていると
それは
いろりを焚くという　真事《まこと》であった
明るい炎と
炎の底の　黄金色の燠《おき》の輝きに
導かれて
またしても　わたくしがわたくしである
真事《まこと》であった

わたくしの孤独が　じつは
眼前の　明るい炎であり
炎の底の　透明な熾《おき》の輝きであることを
これまでは　決してしらなかった——

いろりを焚いていると
それは
いろりを焚くという　真事《まこと》であった

一九八七年に出した詩集『びろう葉帽子の下で』（野草社）の中の、この「真事《まこと》」と題した一片を思い起こしたのは、小学一年の娘が母親に奇妙な質問をしているのを、耳にしたことに端を発している。

「お母さん、目のそばにあるものはどうしてまがつくの？　まぶた、でしょう、まゆげ、でしょ、まつげ、でしょ、みんなまがつくよ。」

傍でそれを聞いていた私は、素早く、そう言えば、まぢかもあるし、まなこもまなぞこもあるしと思いを巡らせて、その途端ひとつの大発見をしたのだった。

「それはね、目《め》は昔は目《ま》だったからだと思うよ。目《ま》のふただからまぶた、目《ま》の上の毛だからまゆげ、目《ま》の毛だからまつげなんだよ。」

その発見は、あまりにも確信できるものだったので、その時には私は敢えて辞書で調べることもしなかったのだが、後になって確認のために広辞苑を引いてみると、やはり目《ま》は目《め》の古語と出ていた。どのくらい古語なのかの例証がないのが残念だったが、その時にまた、まこと、という言葉の起源は〈目《ま》こと〉にあるのではないか、その証拠に〈真《まこと》〉という言葉の内には〈目〉が含まれている、という考えが浮上してきた。目は心の窓というけれども、生命そのものからの深い目で見ることを〈真事《まこと》〉と古代の人々は呼んだのではなかっただろうか。

つまりそのような次第で、ほぼ一〇年前に出版した詩集の中の「真事《まこと》」と題した詩を思い起こしたのだった。

㈡

リグ・ヴェーダの一〇章七一節にでてくる「智慧《ちえ》の歌」は、言葉というものの発生起源に関して以下のように歌う。

「祈禱主《ブリハスパティ》よ、言語の最初の起源は、彼ら太古の聖仙達が、事物に名前を与えつつ立ち現われたるそこにありき。彼らの有したる最善のもの、汚れなきもの、この彼らの内部に秘匿《とく》されたるものは、彼らの愛情により発現したり。」

「粉を篩《ふるい》によって清むるごとくに、洞察力ある聖仙達が、そを思考によって清めつつ、言語を作りたるとき、そのとき友なる二者（言語の作り手とその対象物）は友情を知り、彼らの吉祥なる標識は、言語の上に印せられたり。」

「祭祀によりて彼らは、言語の足跡に従えり。彼らは聖仙の中に入れるその言語を発見せり。そを持ち来たりて彼らは、多くの場所に分割せり。そを七詩聖は共に歓呼をあげて迎えたり。」

㈢

この「智慧の歌」の理解はなかなか難しくて、私は訳者の辻直四郎さんの理解とは異なる文脈に直して解釈したのだが、言葉の起源が祈禱主《ブリハスパティ》という神にあるとする点ではむろん同じである。

生まれてまもない赤ちゃんが、目《ま》に入ってくる世界の内で最も愛《いと》しく親わしいものからその名を呼び始めるように、言語の最初には、その対象に対する人間のいやがうえにも深い愛があったと思われる。その愛は、「ああ」とか「おお」という感嘆詞として原初的に発せられるのだが、それは同時に祈禱の始まりでもあった。

言葉の始まりが祈禱主《ブラスマナスパティ》、あるいは祈禱主《ブリハスパティ》にあるということは、そういうことなのだと思う。新約聖書の例の「最初に言葉があった。その言葉は神であった」という表現も、言葉の始まりが神の始まりに深くかかわっていることを示している。

そのことは、別に置いて、目《め》が目《ま》であり、目《ま》が真《ま》でもあるというひとつづきの了解が私にもたらしてくれたものは、大変に深いものがある。

私達は日常的にものごとを見つつ暮らしているが、それは多分に目《め》という器官に映るままに見ているだけであり、それが〈目《ま》—真《ま》〉という作用をも含んでいることに気づかない。

小学一年生の娘に指摘されるまでは、目《め》が目《ま》であることも、目《ま》が真《ま》であることにも気づかなかったのが、その典型であろう。

リグ・ヴェーダ讃歌を再び借りるならば、〈祭祀によりて聖仙達は言語の足跡に従えり〉というのだが、私達はその〈言語の足跡〉を、いつのまにか見失ってしまっていたのだ。

そしてそのことは、私達大人への啓発であると同時に、小さな子供というものが目《ま》—真《ま》を持っていることのひとつの証明であると思う。それを、子供の純真な目と呼ぶのである。

# 第五章

# 薬草の歌

## (一)

近年は、インドの伝統医学であるアーユルヴェーダが日本にも紹介されて、一部の人達の間ではかなり評判が高まっているようである。

手近なところでも、「天竺南蛮情報」誌の一〇月号の〝This month in Tokyo〟欄において、〝アーユルヴェーダ研究会東京例会〟及び〝アーユルヴェーダ研究会第二〇回研究総会〟の二つのインフォメーションがなされている。

私などがインド文化に興味を持ち始めた一九六〇年代後半には思いも及ばぬことだっただけに、急速に拡大されつつあるその動きには目を見張らされるものがある。

アーユルヴェーダの知識は全くないので、多分それは薬草学とヨーガと生理学の総合なのだろうと想像するしかないのだが、じつはそんな私でも〝Authentic Ayurveda（真正アーユルヴェーダ）〟と銘打たれた「ダブール・チャワンプラシュ」という名の薬をひとつだけ大事にしている。

それは四年程前に肝臓を痛めて入院した時に鳥取県に本拠地を持つヨーガの先生から送っていただ

いたもので、四九種類の薬草を練り合わせたペースト状の薬である。

薬といえば苦いものと相場は決まっているが、そのダブール・チャワンプラシュばかりは、ふたを開くや強烈な芳香がひろがり、小サジでひとすくい口に入れれば、えも言われぬ不可思議な甘さが舌にひろがる。まるでヴリンダーヴァンのクリシュナ神の甘美さを、そのままエキスにしてびん詰めにしたようなものである。

もったいなくて、あだやおろそかには舐めることができず、よほど悪性の風邪でも引きこんだ時に冷蔵庫から取り出してひと舐めするだけなので、四年経った現在もまだ三分の一ほどはびんに残っていて、いざという時の私の救急薬になっている。

(二)

リグ・ヴェーダにはむろん、「薬草の歌」というものも収められている。

約四五〇万年の歴史を持つともされている人類にとって、火とともにその最初期に獲得された文化は薬草や食草であったはずだから、三〇〇〇年前に編集されたリグ・ヴェーダにそれが出てくるのは当然のことなのだが、興味深いのは、それがすでに呪術的な言葉を伴った医法として定着されている点にある。

「太古に、神々より三代以前に生じたる薬草、われ今これら褐色のものの百あまり七種類を思念せんと欲す。」

「母よ（薬草への呼びかけ）、汝らの種類は百、また汝らの生物《はえもの》は千。しかして百の賢慮をもつものたちよ、汝らはわがためにこの病者を健康たらしめよ。」

「薬草よ、花を咲かせ、実を結びて喜悦せよ。常に勝利を博する牝馬のごとく、薬草は目的に到達せよ。」

「薬草よと呼びて、母たちよ、われ汝らに請願す、女神たちよ、この男（患者）の生気を。」

「アシュヴァッタ樹（菩提樹）のもとに汝らの座所はあり。パルナ樹のもとに汝らの居所は作られたり。汝らは牝牛を受領するものたらん、汝らがこの男を甦らせし時。」

㈢

引用した五つの詩節から知ることができるのは、まず薬草は神々より三代以前にすでに生じていたという驚くべき比喩であるが、それと同時に、すでに薬草を扱う専門の医術者が居り、その医術者は呪語を述べることができる祭官でもあったという事実である。

前述したように、私はアーユルヴェーダについては何も知らないが、リグ・ヴェーダがインド最古のヴェーダであり、あらゆるヴェーダ（知識）の母であるからには、アーユルヴェーダもまた当然のことながらその伝統に立っているものだと思う。

リグ・ヴェーダが、薬草という物質を母と崇め、女神と崇めると同時に、そのように崇める言葉と共に薬草を施すという医術を行なっているところに、じつは医術というものの原点があるのだと、私は思う。

現代の医術は、疾患の原因を見極めて、その原因に有効な薬品を与えるかその部分を切除するかが主流であるが、古代の医術は、その原因に有効な薬品を与えると同時に、その患者の人格の全体が蘇生するべく、その薬品を通して神に祈ったのである。

私達は、古代の医者に対して呪医《じゅい》という言葉を持ち、古代でなくても未開社会として見くだしている社会の医師達をも呪医と呼んで、いかがわしいもののように思っているが、古代にせよ未開社会にせよ、そこで行なわれていたし行なわれているのは、薬品（草）に加えて患者の蘇生を激しく祈る行為そのものなのであり、そのことが医術の半ばを占めているのである。

現代の医術からは、祈りはもうほとんど消えてしまった。人間自体が部品の集合体とみなされているのだから、そこに祈りの入る余地などないのは当然であるが、私が見、実感する限りにおいては、医術の半ばは薬品、半ばは〈治癒されよ〉という医術者の真剣な祈りであるべきなのだと思う。

リグ・ヴェーダには、「太古に、神々より三代以前に生じたる薬草、われ今これら褐色のものの百あまり七種類を思念せんと欲す」と記されているが、私が大切にしているダブール・チャワンプラシュというそのアーユルヴェーダの薬も、まさしく濃い褐色でコーヒーを煮つめたような色合いである。この稿を書くに当たって久し振りに冷蔵庫から取り出し、ふたを取ると、毎日全土で何億何十億本と焚かれるであろうインド香の匂いが凝縮されて漂い、たちまちに私を、祈りが基本にあるその社会へと誘いこむのだった。

# 大いなる癒し

㈠

この数年来は、一一月になると詩の朗読と話をするために二週間前後の私としては少々長期の旅に出かける。

今年も香川県・満濃町にある西念寺というお寺を最初に、東京、埼玉、山梨、長野、栃木、神奈川、静岡県の各地で、自分としては充実した内容の集まりを持つことができた。

満濃町の西念寺さんは、晩年に流罪刑に処せられた浄土宗開祖の法然上人が、その流刑期間中に身を寄せられていたお寺で、少なくとも鎌倉時代からの歴史を持つ古刹《こさつ》である。またその位置する満濃町は、空海が築いたとされる満濃池がある郷《さと》で、私の呼吸は一息に鎌倉時代や平安時代のそれにまで引き戻されたのだった。

長野県の松本市では、神宮寺という臨済宗のお寺の立派な石庭で集まりを持たせていただいた。お寺に附属する薬師堂の改修が成った開堂日に合わせて、歌手の李政美《いじょんみ》さんとジョイントコンサートをしたのだが、一一月八日のその日は抜けるような青空が広がる上天気だった。

密教儀軌によれば、薬師如来という佛は東方浄瑠璃光世界をその住居としておられるというのであるが、それは夜行性ではない動物としての人間にとって、不安と恐怖が凝縮して襲ってくる夜が終わり、夜明けとともに訪れる瑠璃色の空そのものが深い治癒力を持っていることを意味しているものと、私は常々考えてきた。

神宮寺では、詩の朗読の合間にその話を入れて、その日の上空をおおい尽くしていた深い青空こそは、薬師如来の実体であり、眼に見ることのできる薬師如来そのものであることをお伝えした。

㈡

リグ・ヴェーダの「薬草の歌」は、さらに続く。

「王たちが集会に人を集めるがごとく、そのもとに薬草が相集まる者、かかる霊感ある人は薬《くす》師《し》と称せらる。羅刹《らせつ》（悪魔）の殺戮者、病患の追放者と。」

「汝ら（薬草）の母の名は、「治癒」なり。しかして汝らは「治療」なり。汝らは羽翼《はねつばさ》ある流れなり。病患のあるところ、汝らは治療す。」

「汝らのあるものは、他のものを支援せよ、あるものは他のものを援助せよ。汝らすべては一致して、わがこの言葉を擁護せよ。」

「果実を結ぶもの、果実を結ばざるもの、花を咲かせざるもの、花を咲かすもの、これら薬草は、祈禱主《ブリハスパティ》に激励せられて、われらを困厄より解放せよ。」

「薬草はわれを解放せよ。呪詛《じゅそ》に基づく足枷《かせ》より、さらにまたヴァルナに基づく足枷（水腫病）より、また死神《ヤマ》の足枷より、また神々に対する一切の罪過より。」

「天界より飛びくだりつつ、薬草は語れり、〈その生存中にわれらが出会わん者、その人は損傷をこうむることなかるべし〉と。」

㈢

今から三〇〇〇年以上も前の古代ヒンドゥ民族において、薬草あるいは癒しというものがどのように把えられていたかを見ていただくために、少々詳しく引用をした。その内容を見ると、すでに〈薬《くす》師《し》〉と呼ばれる特殊能力を持つ人が居て、その人は当然のことながら薬効を持つ種々の植物等についての知識を持ち、それに加えてその薬効が速やかにゆきわたるよう祈禱することも同時に受け持っていたことが分かる。

薬師《くすし》達は、種々に薬草を使いわけながら、おそらくはここに引用した詩片のいくつかを祈禱文として唱えつつ、患者にそれを処方したのであろう。

薬師《くすし》達の医術は、やがて現代のアーユルヴェーダ医学へと展開してきたのであるが、治癒の理念として仏教に取り入れられたそれは、法華経に登場する〈薬王菩薩〉というコンセプトを経て、やがて薬師如来という如来性に結晶される。

それゆえに薬師如来とは、リグ・ヴェーダにおいて文献化されるそのはるか以前から存在したはずの、病患に陥った者がそこから癒されたいと願う願い、傍にあってそれを看取る者の同じく癒したいと願うその願いが結晶した、大いなる癒しの伝統そのものにほかならない。それは薬師堂の中に祀られてある架空の存在物なのではなくて、生老病死することを宿命づけられている人類が存続する限りは、〈意味〉として、また〈事実〉として存在しつづける必須の如来のひとつなのである。

神宮寺の高橋卓志和尚は、禅僧でありながら長年医師とネットワークしつつターミナルケアにたずさわってきた方であるが、私達にとって生老病死が不可避の宿命である以上は、僧がそこに深くかかわることはある意味で当然の義務でさえあろう。

生老病死が不可避の宿命であるということは、そして僧がそこに深くかかわるべき存在であるということは、私のように詩を職業とする者にとっても実は同様である。詩とは、生老病死の只中にある自分と同朋とを真っ直ぐに見詰めて、そこから自分と同朋のための癒しの言葉をつむぎ出す作業にほかならない。

神宮寺の和尚は、その情熱が高じてとうとう群馬大学の医学部を社会人受験までされたそうであるが、真剣に癒しという作業に取り組むならば、僧というものはそこまで行かねばならないのかと、私などは恐れ入った。

社会の全体が深く病んでいる現在、私達一人ひとりの内に住んでおられる、小さな薬師如来の果たすべき役割は大きい。青空ほどに普遍的な癒しはもとよりできないとしても、である。

# 神酒ソーマ

㈠

冬至の日の今日は穏やかな晴天に恵まれ、ただそれだけで私の心身は満たされてある。

久しぶりにユパンキを聴こうと思い、八枚のＣＤからなる全集の内から〈薬草売り〉の曲が入っている盤をデッキに入れてみた。

ユパンキ好きの人には何の説明も抜きにただちに伝わる、あの独特のギターラの音色とヴォーカルが書斎を充たし、一年のどんづまりの日の私の幸福はさらに深いものとなった。

一日一日が人生の時の時であるにはしても、こうして今年もまた冬至の当日という古来の神の日を迎え、人生の苦に満たされながらもユパンキを聴けることが至極有難い。

私にはスペイン語が分からないが、添付されている歌詞カードによると、〈薬草売り〉の歌は次のようなものである。

ポレオ！　カルケーハ！　ロメリージョの花！

奇蹟を呼ぶ草、忘れ草…！
砂地づたいに君が姿を現わすときには
君のコオロギの声が、昼さがりを満たすのだった…

君の姿はテントの中、行列のうちで
神秘な異教徒めいて祈り　踊っていた
「小さな野草、良くも悪しくも効きますぞ」
盃の往き来のうちに呼ばわりながら

薬草売りよ、悩みをもつ女が幾人《たり》
ふれ声に聞き耳を立て君の袋を求めたことか
それが君の素朴な人生のさだめだった
幻を売りながらひっそりと生きることが…

とある日、君は眠りについた、薬草売りよ
歩み疲れて、長い長い夢路についた
君のふれ声はもう二度と聞かれない

三

「小さな野草、良くも悪しくも効きますぞ！」

ポレオ！　カルケーハ！　ロメリージョの花！
奇蹟を呼ぶ草、忘れ草！
砂地づたいに君が姿を現わすときには
君のコオロギの声が　昼さがりを満たすのだった…

(二)

日本の社会から〈富山の薬売り〉の姿が消えてもう久しいが、このユパンキの歌を聴けば、パンパスのインディオたちの風景もろともに、あのなつかしい薬売りたちの姿が甦ってくる。山口県の片田舎の、祖父母のもとへ疎開していた頃、戦争中であったにもかかわらず富山の薬売りたちは、大きな箱を背に担って毎年必ずやってきてはなにがしかの薬を置いて行った。幼い私には、薬売りがなぜ無料で薬を置いて行くのか、それが不思議でならなかった。

日本の社会全体が世界の標準並みに貧しかったあの頃、置かれていった薬が使われることは滅多になかったが、それでも足掛け五年間ほどの長い疎開の間に二度や三度は、私もその薬のお世話になったはずである。

薬は、それほどに貴重な、いざという時にのみ戸棚の奥から持ち出される特別な品物であった。

リグ・ヴェーダ讃歌は歌う。

「ソーマ（神酒）を王とし、百様に見はるかすあまたの薬草、汝はこれらの中の最上なり。願望を満足せしめ、心に幸福をもたらして。」
「ソーマを王とし、地上に広がる薬草、汝らは祈禱主《ブリハスパティ》に激励せられて、この薬草に威力を集中せよ。」
「汝らを掘る者は損傷をこうむることなかれ。われら二足のもの（人間）、四足のもの（家畜）、一切は無病なれ。」
「この言葉に耳傾けるもの、遠方にたち去りたるもの、すべてのものは相集まりて、植物よ、この薬草に威力を集中せよ。」

㈢

神酒と訳出される不可思議な飲料物であるソーマが、どのような成分からなるものか、専門家にも今もって分からないようなのだが、酒は百薬の長、という言い伝えは日本にもある。

私の島では、晩酌に飲む少々の焼酎のことをだいやみと呼ぶ。ダレ止ミがなまったもので、一日中の激しい労働に疲れ果てた肉体に少々の焼酎を与えることによって、しばしのうるおいを取り戻すことを言う。

私もたまにはその恩恵をこうむることがあるが、本当に疲れ果てた心身に少量のアルコールを与えると、それはまさしく百薬の長としての働きを発揮し、たちどころにしばしのうるおいの時を取り戻してくれる。

酒というものは、本来はそのように元気を取り戻すための薬であり、その効力があまりにもあらたかであるゆえに、神酒《みき》として大切にされたのでもあろう。

ソーマを王とする百種もの薬草の文化は、パンパスの風に消えた薬草売りの声と共に、また戦後の日本の社会から消えていった富山の薬売りたちの荷姿と共に、もう二度と私達の社会には戻ってはこないのだろうか。

ユパンキの深々としたギタ－ラの音色と、その独特のしわがれ声を聞きつつ、リグ・ヴェーダの薬草の歌を読みすすめてゆけば、そんなことがあるはずはないし、あってはならないのだと、強く思う。今日が冬至で、一年のどんづまりの日であるように、今は自然の文化がどんづまりの時代で、やがて来る時代には、新しい〈コオロギ〉のような薬草売りの声や、新しい荷姿の富山の薬売りたちが、この社会におびただしく立ち現われてくるだろう。その兆候はすでにはっきりと現われている。私は私で、この冬至という日が古来の神の日であることを確かめることによって、そのことに加担するのである。

# 祈りと癒し

## (一)

なさけないことに、大寒節の到来とともに風邪をひきこんでしまい、この二日間ほどは寝てすごすほかはなかった。

この原稿の締切りがぎりぎりに迫っていて、これ以上は寝ていられないので、息子の図画用の画板を借用し、布団の上に起き上がってそれを台にして書き始めている。

こういうときに有難いのは、例のチャワンプラッシュというアーユルヴェーダの薬で、冷蔵庫の奥からそれを取り出し、小サジ一杯にすくい取ってじっくりと口の中で溶かしながら飲みくだす。四九種類もの生薬の混ぜ合わせからなり、何百年もの伝統を持つというこの薬は、以前にも書いたが、強烈な芳香と強い甘味が特徴で、ひとたび口に含めばたちまちに人をあの激しいインドの風土へとさらっていく。

生薬の名前がヒンディでしか書かれていないので、どんなものが含まれているのかは分からないが、ぴりぴりと舌を刺すカルダモンやショウガが含まれているのは確実で、胃の中へ落ちていくとその辺りがカァッと熱くなってくる。甘味は多分ヤシ糖で、強いながらもどこかさらっとしている。

チャワンプラッシュに助けられてリグ・ヴェーダ讃歌を開くと、今回は薬を全く用いない祈禱のみの治療法である。

㈡

「われ汝を供物によりて解放す。未知の疾病より、また肺結核より、汝が生きんために。あるいはもしここに捕捉者《グラーヒ》（病魔）が彼を捕捉したりとせば、インドラと火神《アグニ》よ、それより彼を釈放せよ。」

「もし彼の寿命尽き、あるいはもしこの世を去り、あるいもしは死の近くに赴きたりとも、われは彼を破滅の膝よりつれ戻す。われは彼を百年の齢《よわい》のためにかち得たり。」

「千の眼《まなこ》、百年の齢、百の寿命を伴う供物によりて、われは彼をつれ戻せり。インドラが彼を百年のあいだ、あらゆる危険の彼岸に導かんがために。」

「生きよ、百秋のあいだ健康を増進しつつ、百冬のあいだ、また百春のあいだ。百年のあいだ生きんがために、インドラとアグニ・サヴィトリ（激励の神）、ブリハスパティ（祈禱主）は、彼を返還せんことを。百の寿命をもたらす供物のゆえに。」

「われは汝をつれ戻せり。われは汝を見いだせり。汝は再び帰り来たれり、再生者よ。肢体完全なる者よ、われは汝の眼を完全なりと、汝の寿命を完全なりと見いだせり。」

(三)

この呪歌は、おそらくはもはや薬石の効も及ばなくなった重病人に対する、最後の祈禱だったのではないかと思われる。

当時の呼び名でラージャ・ヤクシュマと呼ばれた肺結核が、現在の肺ガン末期に相当する重病であることは間違いないから、最後の望みを祈禱師に託す以外にはもはや手立てがなかった。――そういう状況で、呪者が呼ばれ、呪者は定められた供物を祭壇に捧げ、この呪歌を力強く唱えあげたものと思われる。

西洋医学による病理学というものを生半可に理解している私達からすれば、まさに死んでいこうとしている者を目前にして、このような呪行為をすることは何の意味もないばかりでなく、ニセ者の呪者やあやしげな新興宗教がはびこる原因ともなる有害な行為とされるのが一般的であろう。

私としても自分の死の時に、そのようなあやしげな呪者が押しかけてきて営利や宣伝を目的にあやしげな儀式を始めるならば、その床から跳び起きて、さっさと帰れとどなりつけるであろう。

けれども、自分の信頼する僧なりしかるべき友人知己が、心からなる祈りをもってそのような儀式を執り行なってくれるのであれば、私はそれを快く受け入れるのみならず、祈りとともに快癒することを期待もするはずである。真実の祈りは、人間の究極の行為であると考える私の立場からすれば、リグ・ヴェーダに託された一見してあまりにも素朴なこの儀式と祈りの言葉は、素朴であるゆえにかえって充分な存在理由を持っているものと感じられる。

〈癒えよ〉と祈る真実の祈りは、たとえそれによって充分に癒えることはないとしても、それだけで癒されるのであるし、もしその祈りがシャーマン的に四次元世界を突き抜けるほどに深いものであれば、もしかすると病はその瞬時に癒されることもあるかもしれない。

祈禱あるいは奇蹟的という治療様式が、リグ・ヴェーダの時代以来すでに三〇〇〇年、巷間でささやかれつづけてきたのは、病理学の世界と同時にそのような超病理学の世界もまた確かに私達の内には存在しているからである。

そのことは別に置くとしても、今回の引用の中で特に私が注目したのは、〈千の眼《まなこ》、百年の齢《よわい》、百の寿命を伴う供物によりて、われは彼をつれ戻せり〉という表記である。

私達は、インドに起源を持つ千手千眼観音という菩薩概念（人間概念）を持っているが、その千手千眼という着想というか気づきは、仏教が興ってくるはるか以前の紀元前一〇世紀の頃のリグ・ヴェーダの時代にあって、すでに明確になされていたことをその一節は物語っている。

私達の遠い祖先は、そのような古代からすでに千の眼をそなえて、私達の病を始めとする苦しみの原因を取り除こうと、祈りつつその原因を探索していたのである。

# 出産の無事を願う祈り

㈠

江戸時代の中期から施行された「宝暦暦《ほうりゃくれき》」によると、これを書いている二月二七日の今日は雨水節のただ中にあたり、〈霞《かすみ》始めてたなびく〉の候と附記されている。

北国では思いもよらぬことかもしれないが、この島の昨日の気温は二〇度を越し、今朝も一四度ほどの暖かさだったから、もう霞がたなびいてもおかしくはない。わが家の庭では次々とハクモクレンが花開き、早いものはもう散りはじめている。

眼にしかとは見えないが、大気と大地は確実に雨水節のただ中を迎え、それに呼応して私の心身においても新たな春の水が流れはじめている。心身の生理からすれば、現行のグレゴリオ暦（太陽暦）による一月一日を新年とするよりは、明治五年までは施行されていた太陰太陽暦によって新春を迎える方がはるかに合理的と感じられる。

私の個人的な春はハクモクレンの花とともにやってくる。大寒節に入るころからその蕾《つぼみ》のふくらみ具合が気になり始め、今年はいつ開くだろうかと、日毎に眺めては褐色のガクにおおわれた楕円球の中から純白の蕾が現われ出るのを楽しみに待つ。

大寒節（一月六日〜二月三日）、立春節（二月四日〜一八日）、雨水節（二月一九日〜三月五日）と、ほぼ一五日ごとに移りかわる節気にあって、ハクモクレンの最初の花が開く日こそが私の新春なのだが、今年はそれは二月二〇日のことであった。

しかしながら最初に咲いたその花は、残念なことになぜかはじめから崩れていて、流産でもしたかのような不完全な花であった。

## (二)

リグ・ヴェーダ讃歌には、「胎児を害い流産をひき起こす悪魔を駆除する呪法」というものもある。


「祈禱と協力して、羅刹《らせつ》（悪魔）の殺戮《さつりく》者アグニ（火神）は、ここより羅刹を駆逐せよ。病患として、不吉の名をもつ者として、汝（妊婦）の胎児の中に、汝の胎内にわだかまる病魔を。」

「病患として、不吉の名をもつ者として、汝の胎内の中に、汝の胎内にわだかまる者、この食肉者（病魔）を、アグニは祈禱と協力して追放せり。」

「飛来し、定着し、躍動する汝の胎児を殺す者、出生したる汝の幼児を殺さんとする者、かかる者（病魔）をわれらはここより駆逐す。」

㈢

現代社会に住む私達からすれば呪法＝祈禱の儀式、などといえば、それだけでおどろおどろしいものと思われがちだが、呪法＝祈禱の儀式、によって起こるその源を探せば、当然のことながらそこには私達の切なる〈願い〉というものがある。切なる〈願い〉が強くなれば、それは〈祈り〉となり、〈祈り〉がさらに強くなれば、それは共に祈る儀式としての〈呪法〉へと昇華する。

三〇〇〇年の歴史の検証を経て私達に伝えられた、このリグ・ヴェーダの文言を見れば明らかなように、そこに記されている内容にはいささかもおどろおどしいものはない。儀式としての火を焚きながら、その火神《アグニ》と祈禱の力によって、妊婦が無事に出産をし、生まれた子供が元気に育つようにと、万人が持つであろう願いを万人が理解できる言葉において願っているに過ぎない。

呪法＝祈禱の儀式、がおどろおどろしいものとなるのは、その源である私達の願いが、恨みや憎悪や嫉妬などのおどろおどろしい感情によって成り立っている場合に限るのであって、儀式一般がおどろおどろしいのではない。

呪法という時、その呪という文字に〈のろう〉の意味が含まれているゆえに、私達はわら人形に釘を打って呪うようなおぞましい行為を想像しがちであるが、漢字字源学の白川静博士によれば、呪のもとの字は祝《しゅう》であったという。その内にある兄という文字は、祝禱の器を戴いて祈る人の形を象形したものだという。

呪法が本来は祝法であったとすると、それこそは祈禱の儀式の本質を正確に表現しているものと、私は思う。身近な例を引けば、現在でも私達は家やビルを新築するにあたって地鎮祭を行ない、天神地祇の加護を祈るが、そのような行為こそが呪法であり祝法であった。妊婦の安産を祈るという行為も同様である。

私達の内なる切なる〈願い〉が〈祈り〉へと昇華し、その祈りがさらに共同の祈りの儀式（祝法）へと昇華したと考えるならば、そこに祭り（祀り）の始まりがあることもまた確かなことである。なぜなら祭り（祀り）とは、万人が万人の願いのかなえられることを祈る開放された儀式であるからである。

少し話が飛躍したので、ここでは私の個人的な祝法、ハクモクレンの新春に立ち戻ろう。

今年の沖縄地方の新年は二月一六日で、むろんその日は太陰太陽暦による一月一日であった。新聞やラジオで多少は報道されたので、ほうと驚いた方もあろうかと思うが、現在でも沖縄地方では旧暦の一月一日をもって実質的な正月とする。中国も同様である。

わが家の最初のハクモクレンが咲いたのが二月二〇日だったから、それはおおむね沖縄や中国の新年と一致していたことになる。今さら暦法を太陰太陽暦に戻そうというのではないが、私としては自分の個人的な感慨からなるハクモクレンという新春が、じつは沖縄や中国の多くの人々の新春観と一致していたことが、とてもうれしい。先に記したように、祈りが個人の祈りである内は祝法であるが、それが多数ともなれば、それは祭り（祀り）となるからである。

# 衰弱に対する歌

(一)

言葉というものは、まさしく言霊《ことだま》を伝えるものだと思う。

昨年来私達の耳に伝えられるようになった「老人力」という言葉は、その創作者の赤瀬川原平さんの力量に似合った軽妙なニュアンスのものではあるが、一定の年齢を越えた者達の間に明るく力強い波動をもたらしている点で、心理学的、宗教的な治癒効果をさえ持った言葉であるということができる。

若者達にとってさえも、ある意味で希望の言葉となり得ているとも思う。

何もよいことはない社会現象の中で、「老人力」という言葉や「五体不満足」という言葉が言霊として流れることは、この社会がやや正常性を取り戻しつつある兆候のようにも私には感じられる。

(二)

リグ・ヴェーダの今回の歌は、「衰弱《ヤクシュマ》に対する歌」である。この歌の特徴は、アグニ神やインドラ神のような強力な神々を呼び出さず、この歌を歌う人自身が自ら神ないしシャーマンの位置に立って、患者《クライアント》の衰弱を駆逐するという立場、祈禱者がそのまま医者でもある（呪医）ところにあるといえる。

「汝の両眼より、両鼻孔より、両耳より、顎《あご》より、われは頭《こうべ》に属する衰弱を駆逐する。汝の脳髄より、舌より。」

「汝の頸《くび》より、頸椎より、肋骨より、脊柱より、われは前腕に属する衰弱を駆逐す。汝の両肩より、両腕より。」

「汝の臓腑より、直腸より、結腸より、心臓より、汝の両腎臓より、肝臓より、尿道（？）より、われは衰弱を駆逐す。」

「汝の両腿より、両膝より、両踵《かかと》より、両蹠《せき》骨より、汝の腰部より、臀部より、恥骨（？）より、われは衰弱を駆逐す。」

「汝の男茎より、肛門より、毛髪より、爪より、汝の全身より、われはここにその衰弱を駆逐す。」

㈢

三月二四日であったか、寝不足と風邪気味が重なって昼寝をしていると、旧知の友人に連れられてごんべえさんと名乗る眼光の鋭いひげ男がわが家を訪ねてきた。あまり気乗りはしなかったが、友人の紹介でもあるので不承不承に起き出して、私としてはかなり無愛想な応対とはなった。

話を聞くと、彼は屋久島の南部にある温泉場のすぐ近くに小さな家をこしらえ、薬草を探すことを仕事としているという。私が体調が悪いと知ると、彼はすぐさま袋から「孔雀湯」と呼ばれる煎じ薬を取り出し、万能薬だからとて早速に妻にその煎じ方を指南した。

漢方薬に特有の強い香りが室内を流れはじめ、私達がお茶がわりに各々その一杯を味わうまでには、私はおおよそ次のようなごんべえさんの履歴を聞き出していた。

すなわち、昭和四四年に徳島大学の医学部を卒業したごんべえさんは、精神科、外科、内科等の勤務医を数年ずつ勤めたがどれも肌に合わず、近畿大医学部の東洋医学研究所で漢方を研修することになった。その後郷里の徳島で開業医となったが、病人の中に身を置いていると自分も病人になるという悪循環に耐えきれず、一転して高野山大学の密教学科へ入学する。その面接の際に、学長さんがあなたは何のためにここに学びに来たのかと問うたのに対して、〈即身成佛〉するためですと答えると、相手はあきれて二の句が出なかったと笑った。真言宗権大僧都という僧階を取得した後、インドのダラムサラ（ダライラマの居住地）でチベット医学を学び、その後は世界各地の原住民を訪ねてその地の薬草についての知識を学び歩いてきたのだそうである。

昭和六二年から大阪の堺市でクリニックを開業したが、驚いたことには診察日は火曜日の一日だけで、あとの日は全部休診日、治療はすべて「孔雀湯」と、患者自身が自分の主治医となる心がまえに任せる、という途方もないクリニックなのだそうである。それゆえに、ごんべえさんの務めはもっぱら「孔雀湯」の薬質を深めることにあり、中国の伝説的な古王である神農《しんのう》の作とされる「神農本草経」を基にして、五〇種類以上の上薬（連続服用しても副作用が出ない薬草）のみを調剤しつつ、その中味を研究しつづけているのだそうである。『あなたが主治医』（ほたる出版・発売星雲社）というタイトルの本も出していて、私はこれまでは知らなかったが巷間では「孔雀湯」の愛用者は年々に増えているという。

屋久島に小さな家をこしらえたのも、時々訪れて薬草を探すのが目的で、彼の言によればこの島は薬草の宝庫なのだそうである。

おいしい「孔雀湯」をいただき、話を聞いている内に、重苦しかったこちらの体調もいつしか消えて、私はすっかり元気になり、その日の出遇いを心から有難く思えるようになった。ごんべえさんは、ご自分を行商ならぬ「行医」と位置づけて、気が向くままに日本はもとより世界中のあちこちに出かけ、薬草の発見と「孔雀湯」の品質深化に務めているのだが、旅をしているとそれを所望する人が多くて、富山の薬売りのようになってしまったと笑った。

リグ・ヴェーダの「衰弱《ヤクシュマ》に対する歌」の記述からは少々離れるが、自分が自分の主治医であるというごんべえさんのコンセプトは、薬剤への過依存、医者及び外科手術依存の現代医療制度に正しく投ぜられた警告であると思う。大村雄一という本名を使わず、あえてごんべえさんという非権威的な名乗りをされていることも、私としては肌が合いそうで、この島に人の宝がまたひとつ増えたことを大いに喜んでいる次第である。

# 害虫を追い払うための歌

㈠

森に暮らしていて、あまり快適とはいえないことのひとつは、蚊や蚤《のみ》から逃れることができないことである。

特にこれからの夏場、昼間は暑くてとても畑仕事などはできないから、陽が山に落ちた夕方に畑に行くと、そこには今やおそしと多くの蚊たちが待ちかまえていて、手足といわず顔といわず肌の出ている部分に食らいついてくる。

夕方といえども気温はまだ充分に高いから、こちらとしてはできれば半ズボンとランニングシャツで行きたいのだが、そんなことをすればたちまち一〇匹や二〇匹の蚊に取りつかれるので、やむなく長ズボン長そでシャツの着用となる。

蚤はあまり多くはいないが、それでもやがて来る梅雨時の高温多湿の夜などには、どこからともなく布団の中にしのびこんでくる二匹や三匹からは逃れられない。それに加えてその季節には、眼には見えない塵性《じんせい》ダニなどと呼ばれる輩《やから》もいて、なかなかに快適というわけにはいかない。

草や木や、土や水たまりを排除した都市という空間が出来上がった背後には、そうした微細な害虫達から逃れたいという人間の気持も大いにあったことだと思う。

㈡

古代においても、そうした害虫達に人々は大いに苦しめられたようで、リグ・ヴェーダ讃歌の中には、「害虫を駆除しその毒を消すための歌」というものまでも存在している。

「カンカタ、贋《にせ》カンカタと本カンカタとの二種、二種の蚤、これら目に見えざる害虫どもは滅せられたり。」

「シャラ草、クシャラ草、ダルバ草またサイリア草に住む害虫、ムンジャ草、ヴィーリナ草に住む目に見えざる害虫は、すべてもろともに滅せられたり。」

「牝牛は牛舎に伏したり。野獣達は臥所《ふしど》に戻りたり。人間の活動の標識は休息に入りたり。目に見えざる害虫どもは滅せられたり。」

「これら有名《なうて》の害虫どもは、日暮れに現われいでたり、盗賊のごとくに。目に見えざるものよ、今や汝らは一切に見られたるものとなれり。汝らは認識されたものとなれり。」

「肩につく刺《さ》しバエ、体につく刺しバエ、プラカンカタ、目に見えざる害虫、汝らのためにここには何物もなし。汝らはすべてもろともに憔悴《しょうすい》せよ。」

「太陽は東方に昇る。一切に見られ、目に見えざるものを滅する太陽は、すべての目に見えざるものとすべての邪術女を粉砕しつつ昇る。」
「かしこに太陽は飛翔せり。多くのものすべてのものを焼き尽くしつつ、一切に見られ、目に見えざるものを滅するアーディティア（無垢なる太陽神）は、山々より昇れり。」

㈢

岩波文庫版『リグ・ヴェーダ讃歌』の訳者、辻直四郎さんは、ここに登場したカンカタを特定しておられないが、おそらくはその二種のカンカタとは蚊やブヨのことであり、二種の蚤とはノミや南京虫やシラミのことではないかと思う。いずれも夕暮れから夜にかけて、人が憩わんとする時に襲ってくる微細なもの達だからである。

これらの害虫を追い払うための呪歌、というよりは単なるおまじない歌、を構成している論理は明解単純で、〈お前たちはすでに太陽のもとにあるかの如く見られているのだから、さっさと消えて行け〉ということにある。この論理は、一見すれば極めて幼稚で単純そのもののようではあるが、そのじつ私達の存在に関して、大変深い洞察を含んでいるのではないかと思う。

私達人間に限らず、すべての生物種はその種に特有の形態（ゲシュタルト）をもっているのだが、その形態は〈見ること〉と〈見られること〉の両方を前提にしている。

ひとつの例を引けば、今ここらで全盛の野アザミの花が野アザミの花という独自の形態《ゲシュタルト》において咲き出すのは、その遺伝子が他のすべての野の花々とは異なった花として咲くことを選んでいるからであり、それはすなわちすでにその遺伝子が世界を〈見ている〉ことにほかならない。その一方で、野アザミの花にはカラスアゲハがやってきて蜜を吸うのだが、そのことは野アザミの花がカラスアゲハによって〈見られる〉存在であることを前提としている。〈見ること〉と〈見られること〉が調和して、野アザミとカラスアゲハのように親密であることを、ゲーテは〈親和力〉と呼んだのだが、なぜそのような力が働くのかは、生命がなぜ生まれたのかということと同様に、神秘というほかはない。

全生物世界に働いている〈見ること〉と〈見られること〉の相互作用は、〈親和力〉として幸福に発現する場合がある一方で、〈敵対力〉として作用する場合もむろんある。

蚊と人間の関係や、盗賊と盗賊に入られる側との関係などはそのひとつの典型であろう。〈敵対力〉が働く場合には、〈見られてしまう〉ことは、その側にとって致命的な出来事となる。蚊も蚤も、盗賊も妖術も、それと見破られてしまったら、それだけで致命的である。

リグ・ヴェーダが提出した単純素朴なおまじない歌の中には、〈見ること〉と〈見られること〉という、生命に固有の神秘がすでに明確に自覚されていることを私は感じる。無垢神《アーディティア》なる太陽がすべてを見ているという自覚は、〈天知る、地知る、己知る〉という私達日本人の俚言《ことわざ》にも、真直ぐにつながるものである。

# 死者を蘇生させる歌

㈠

「死者を蘇生させる歌」という、ある意味での究極の歌が、リグ・ヴェーダ讃歌にはでてくる。リグ・ヴェーダが編纂されたとされる三〇〇〇年前も現在も、人間が死すべき運命にある生物であることは変わっていない。従って「死者を蘇生させる歌」というものが無効であることを、私たちは百も承知しているにもかかわらず、なおもその歌が有効であるかの如くに感じられるのは、私たちの内に常に、できることなら逝ってしまった父なり母なり、妻なり夫なり、子供たちなり、兄弟姉妹なり、友人たちなりを甦らせたいという、根源的で普遍的な悲しみが宿っているからである。

年齢を重ねれば重ねるほどその悲しみもまた逃れ難く重なり、やがて私たち自身もその後を追っていくことになる。

㈡

「ヴィヴァスヴァットの子ヤマ（死神）のもとに、遠く去りたる汝《なんじ》のマナス（意識）、それをわれらは汝に回《めぐ》り帰らしむ。ここに住し、生存せんがために。」

「天界に、地界に遠く去りたる汝のマナス、それをわれらは汝に回り帰らしむ。」

「四個の尖端《せんたん》を持つ大地に遠く去りたる汝のマナス、それをわれらは汝に回り帰らしむ。」

「四方に、遠く去りたる汝のマナス、それをわれらは汝に回り帰らしむ。」

「浪だった大海に、遠く去りたる汝のマナス、それをわれらは汝に回り帰らしむ。」

「光線の果てなく拡がるところに、遠く去りたる汝のマナス、それをわれらは汝に回り帰らしむ。」

「水に、植物に遠く去りたる汝のマナス。それをわれらは汝に回り帰らしむ。」

「太陽に、暁紅に遠く去りたる汝のマナス、それをわれらは汝に回り帰らしむ。」

「高き山岳に遠く去りたる汝のマナス、それをわれらは汝に回り帰らしむ。」

「この全世界に、遠く去りたる汝のマナス、それをわれらは汝に回り帰らしむ。」

「最も遥かに隔たるところに、遠く去りたる汝のマナス、それをわれらは汝に回り帰らしむ。」

「既存のものと未存のものとに、遠く去りたる汝のマナス、それをわれらは汝のもとに回り帰らしむ。」

㈢

合計一二の方向ないし場所へ、遠く去った意識《マナス》を呼び戻す歌であるが、よく味わい、吟味しつつ読んでみると、ここには古代的素朴さとはとても呼べない精密度をもって、死後の魂の行方ともいうべきものが探索されていることが分かる。

最も身近な草葉の蔭（水と植物）から、山中他界、海上他界、天界、地界、さらには未存界という途方もない他界までをも含めて、ここには、人類の全歴史がこれまでに探索してきた他界のすべてが網羅されているようにさえ思われる。

その他界探索の精密さ、真剣さは、この呪歌の目的がまさしく死者を甦らせることにあったことを証明している。

死者は決して甦らないという現代の常識は、当然のことながら、三〇〇〇年前の常識でもあったはずだから、では何故リグ・ヴェーダの編者達は、このような不毛な讃歌を導入したのかという疑問が当然おこる。

『インド神話伝説辞典』（東京堂出版）によれば、「ゴーパの子孫たち」を意味するガウパーヤナ四兄弟と呼ばれている伝承上の人物達がいて、その人達はリグ・ヴェーダの四つの讃歌を作ったとされているが、その中の一人スバンドゥが殺された時に、他の三兄弟が前記の呪歌を唱えることによって、彼を甦らせたと言い伝えられているという。

その伝承と呪歌の精密さ、真剣さを考え合わせてみると、この呪歌は、死者一般への慟哭ゆえの起死回生を願う歌であると同時に、それらの死者の中で時としては古代にも起きた脳死者をこの世に呼び戻すことを核心に置いたリアルな実践法だったのではないか、ということが考えられる。

古代においても現代にあっても、死はそれを迎える家族や友人達、およびその本人にとっても最深の出来事であるから、スバンドゥと呼ばれた伝承上の人物が脳死状態を脱して、再びマナスを取り戻したという奇跡的な出来事は、当然全社会的に伝えられたであろうし、伝えられる必要性があった。

自殺という行為を評価はできないにしても否定することはできないように、脳死における臓器の提供という本人の意志が明確であればそれを否定することはできないが、それを社会制度として法制化することは逆様なことと私には感じられる。

社会制度としては「死者を蘇生させる歌」というものが伝承的事実として存在し、かつ生きて慟哭される古代社会の方がはるかに健全であると私は思う。空飛ぶ臓器というこの時代が作り出しつつある神話は、少なくとも私には気持のいいものではない。

そのことは別に置いて、死後の魂《マナス》の行方に関して、リグ・ヴェーダが探索し浚らした場所がひとつだけある。

私は常々、在野の宗教者であり教育者でもあられた和田重正先生という方を尊敬しているのだが、去る五月一五日はその方の七周忌に当たった。生前の重正先生に、奥様が〈人間は死んだらどこへ行くのですか〉と尋ねると、〈どこへも行かない〉と言下に答えられたというのである。

それゆえ奥様は、七周忌を迎えた今も先生とお二人で足柄山の山中に住みつづけているというのだが、それこそはリグ・ヴェーダが探索し残した、死後の魂《マナス》の重要な行方だったと言うことができよう。

# 夫の情人を克服するための歌

(一)

ある日、外出から戻ってきた妻は虫カゴをのぞきこむと、アラッと声を立てるや、大急ぎで庭のポンカンの小枝を折って、二〜三〇枚の葉がついているそれを虫カゴの中に入れた。

彼女はしばらく様子を見ていたが、やがて、すごいすごい、といいながらその虫カゴを私の所に持ってきてくれた。その中には三〜四cmに成長した何匹かのアゲハ蝶の幼虫がいるのだが、しばらくエサのポンカンの葉が切れていたせいで腹ペコになり、今やその葉がもらえたので夢中になってそれにかぶりついていたのである。彼女の指示どおり耳を近づけると、バリッバリッ、バリッバリッと、幼虫が鋭い口先で葉を噛み切る音が聞こえた。

昔何かの本で、まゆを作る前のカイコがものすごい勢いで桑の葉を食べる音について書いてあるのを読んだことがあるが、実際に自分の耳で幼虫が葉を食べる音を聞いたのは初めてである。バリッバリッ、バリッバリッといささかも休むことなく、きれいな楕円形に葉のはしからはしまでを食べ尽くしていく。

やがてサナギになり、アゲハ蝶にならんとする幼虫のその生の衝動は、見事というほかはなく、私は息を呑んで虫カゴの中の深い出来事を眺めた。

## (二)

リグ・ヴェーダが編まれた三〇〇〇年前と、現在とを較べて一歩も〈進歩〉していないもののひとつに、家族という形態があり、男女の関係という形態がある。

できることなら、その形態はこれから後の三〇〇〇年においても〈進歩〉などしてほしくないと思うが、そのリグ・ヴェーダの内には、「夫の情人を克服するための歌」というものもすでにある。むろんこれは、「妻の情人を克服するための歌」と言い替えてもいいだろう。

「われこの草を掘る。最も力強き植物を、それにより恋敵を克服し、それにより夫(妻)を占有する草を。」

「平たき葉を持つものよ、幸《さち》多きものよ、神々に励まされたるものよ、威力あるものよ、わが恋敵を遠く吹飛ばせ。夫(妻)をわれひとりのものとせよ。」

「われは勝利者なり、汝《なんじ》(植物)は勝利者なり。われら両者は勝利者となりて、わが恋敵に打ち勝たん。」

「われは勝利者(その植物)を夫(妻)の下に置けり。さらに威力あるもの(植物)もて夫(妻)をおおえり。汝《な》がこころはわれに従いて走れ。牝牛の仔牛に従い走るがごとく、水が道を流るるがごとく走れ。」

㈢

ここで私が思うのは、夫妻あるいは男女間における葛藤が三〇〇〇年の古来より存在したという証についてではなく、それを克服するためにある特定の植物が具体的に定められていた事実である。

この世界に存在する無数の植物の内から、男女の葛藤を解決する目的のためにひとつの植物が選び出され、それが、その目的に応じた聖なる草として讃えられ利用もされていたことに、人間の生態というもののあまりにも深い豊穣性を見るのである。

先のアゲハ蝶の幼虫は、ポンカンを始めとする柑橘《かんきつ》類の葉だけを食べて成長する。同じ蝶でもモンシロ蝶の幼虫達はキャベツなどの菜っぱ類を食用とする。ツマベニ蝶はギョボクと呼ばれる木の葉だけを食べ、従ってそこに卵を産みつける。アオスジアゲハはクスノキの葉だけを食べる。さらに、つい最近分かってとてもうれしいのだが、カバマダラという蝶はフウセントウワタという植物だけを食べて繁殖する。

いずれも家の近くで普通に見られる蝶たちであるが、それぞれの蝶がそれぞれの特定の植物とだけの関係を保って生を展開する様は、まさしく神秘としかいいようがない。

蝶の生態と人間の生態をいっしょにするのが、少々乱暴なことは私にも分かっているが、蝶たちがある特定の植物を選んでそれを食草として繁殖することと、人間が嫉妬の感情を癒すためにある特定の植物を神聖視することの間には、共通の豊穣性があることを、私としては感じざるを得ない。

アゲハ蝶が、無数に自生している森の木々の中から柑橘類だけを選び出して卵を産みつけ、孵化した幼虫がその葉を食べて成長し、サナギを経て次の世代のアゲハ蝶となることは、明らかに生の貧困ではなくて豊穣である。そのことと同じように、古代において嫉妬という人間感情に苦しんだ人達が、それを癒し乗り超えるための方策として、ある特定の植物を選び出し神聖視したこともまた、明らかに生の貧困ではなくて豊穣であったと思う。

リグ・ヴェーダにおいては、その草が何の草かは記されておらず、今となってはその具体名を知ることができないのが残念だが、例えばこれを日本古来のムラサキという植物にあてはめてみると、その豊穣性をいく分かは理解していただけると思う。

あかねさすむらさき野行き標《しめ》野行き
　野守は見ずや君が袖振る
　　　　　　　　　　　　―額田王―
むらさきのにほへる妹を憎くあらば
　人妻ゆえにわれ恋ひめやも
　　　　　　　　　　　　―大海人皇子―

万葉集の巻一に出てくるこの二首は、ムラサキの生い繁る野を舞台にしての、すでに人妻である額田王を慕った大海人皇子とのやりとりであるが、ここではムラサキはリグ・ヴェーダの場合とは逆に、恋を断ち切る草ではなくてそれを成就する草としておのずから神聖視されているのである。

アニミズムというのは、このように森羅万象の中から「意味」として人間に立ち現われてくるものを、カミとして尊んでゆく思想のことなのである。

# 恋という根源的な感情

㈠

私が現代の日本の社会で最も評価している社会学者であり、思想家の一人でもある見田宗介さんは、社会というものを五層の構造において見る必要があることを説いている。

第一層は、生命体としての人間の層。

第二層は、人間（人類）としての層。

第三層は、村落や古代国家を形成した文明人としての層。

第四層は、都市的自由を獲得しはじめた近代人としての層。

第五層は、あり余る自由の中で立ち往生している現代人としての層。

現代社会をこのような五重構造から成る社会として分析したうえで見田さんは、次なる千年紀のテーマは、第一層の生命体としての人間が他のすべての生命体（生物）との共同性を回復していく極大的（地球的）方向性と、個人としての人間（第五層）が家族を含む他者との共同性を回復していく極小的方向性の両極になるであろうと、予測している。

人間の生き方に根拠を与えるものが思想であるが、思想らしい思想が皆無といってよいこの時代にあって、見田さんのこの見解は万人が真剣に味わってみるべき数少ない思想のひとつであるといえる。

㈡

リグ・ヴェーダ讃歌には、〈夜中に恋人の家に忍びこむ者が、番犬および家人を眠らせたままにしておく歌〉というものも出てくる。

「ヴァーストーシュ・パティ（家の主）よ、病患を除去し、あらゆる形態の中に入る汝は、われらのために懇篤《こんとく》なる友人であれ。」

「褐色の斑《ぶち》ある白犬よ、汝が歯をむき出すときは、嚙まんとするその顎《あご》の中に、あたかも槍の向かいひらめくがごとし。安らかに眠れ。」

「盗賊に吠えよ、犬よ、あるいは強盗に吠えよ、走り返るものよ。汝はインドラの讃美者に吠えるのか。何ゆえにわれらに危害を加えんとするのか。安らかに眠れ。」

「母親は眠れ、父親は眠れ。犬は眠れ。部族長は眠れ。すべての親族は眠れ、ここなる周囲の者たちは眠れ。」

「坐する者、歩む者、誰であれわれらを見る者、これらの者たちの眼《まなこ》をわれは閉ざしめる。まさにこの家の扉のごとくに。」

「海より昇りたる、千の角持つ牡牛（月のこと）、この強力なるものにより、われらは人々を眠らしむ。」

㈢

親の寝静まった夜更けに恋人を訪ねることは、古今東西において普遍的に見られる若者の行為であるが、それは取りも直さず恋という不可思議な感情が、私達の根源的な感情のひとつであることを明確に示している。古代にあっても現代にあっても個人が個人を超えて他者と真に出遇っていく最初で最深の感情は恋にほかならない、ということができる。

最近私は、次のような短詩をこしらえた。

蟬

あよー
夏にセミが鳴かんごてなれば
世の中はしまいやが
と島人は言う
年々に　蟬の鳴く声の　人類の
遠ざかっているのではないか
遠く　遠く　やがて消えていくのではないか

恋とは無縁の詩であるかのようだが、蟬が激しく鳴きたてるのは、蟬の恋の震動そのものなのであり、その震動が遠ざかるにつれて、現代人である私達の恋という震動も希薄になってきているのだと言える。

若い男女の子供を産みたくないという気持が一般的な風潮になり、ただ性の交わりだけが求められ、さらにはその性の交わりさえも物理的な交換として次第に嫌悪されていく風潮を見ていると、私とても、あよー、世の中はしまいやが、と叫びたくなる。

親（祖先）よりも自分が大切にされ、子供（子孫）よりも自分を大切にすることによって確立された個人の自由という光は、この現代社会にあって、まさしく何への自由であったかということを、根元的に問い直されなくてはならない時にきている。

見田さんが、その自由の極大として全生命体（生態系と換言できる）との共同性の回復ということを指摘し、その自由の極小として家族を含むごく身近な他者との共同性の回復を方向として示していることは当を得たことであるが、私としてはここで、全生命体との共同性という第一層の底には、さらなる基底層として、水、空気、土、岩石等々の非生物の層があり、それらの非生物との共同性の回復ということもまた、忘れてはならないと思っている。

水への恋、風への恋、土への恋、石への恋と記せば、それはあまりにも詩的と非難もされようが、そのような基層から世界と個人をもう一度立て直していくことが、見田さんの指摘する二つの建て直しと共に、現代社会は必要としていると考える。

# 鳥占い

（一）

ヤマガラ

初秋の空にむけて
ツツピーッ　ツツピーッ　と
ヤマガラが鳴く

友達よ（わたくしよ）
肩の力をぬいて　ありのままに
このヤマガラの　声を聴こうではないか

一羽のヤマガラと
もう一羽のヤマガラが
ツツピーッ　ツツピーッ　と
こころから　鳴きかわす声は

もっとも真実な
人間の対話のようだし
もっとも真実な
人間の喜びのようだ

友達よ（わたくしよ）
肩の力をぬいて　野望ではない　真実の
一羽のヤマガラで　あろうではないか

初秋の　青空にむけて
ツツピーッ　ツツピーッ　と
美しく　ヤマガラが鳴いている

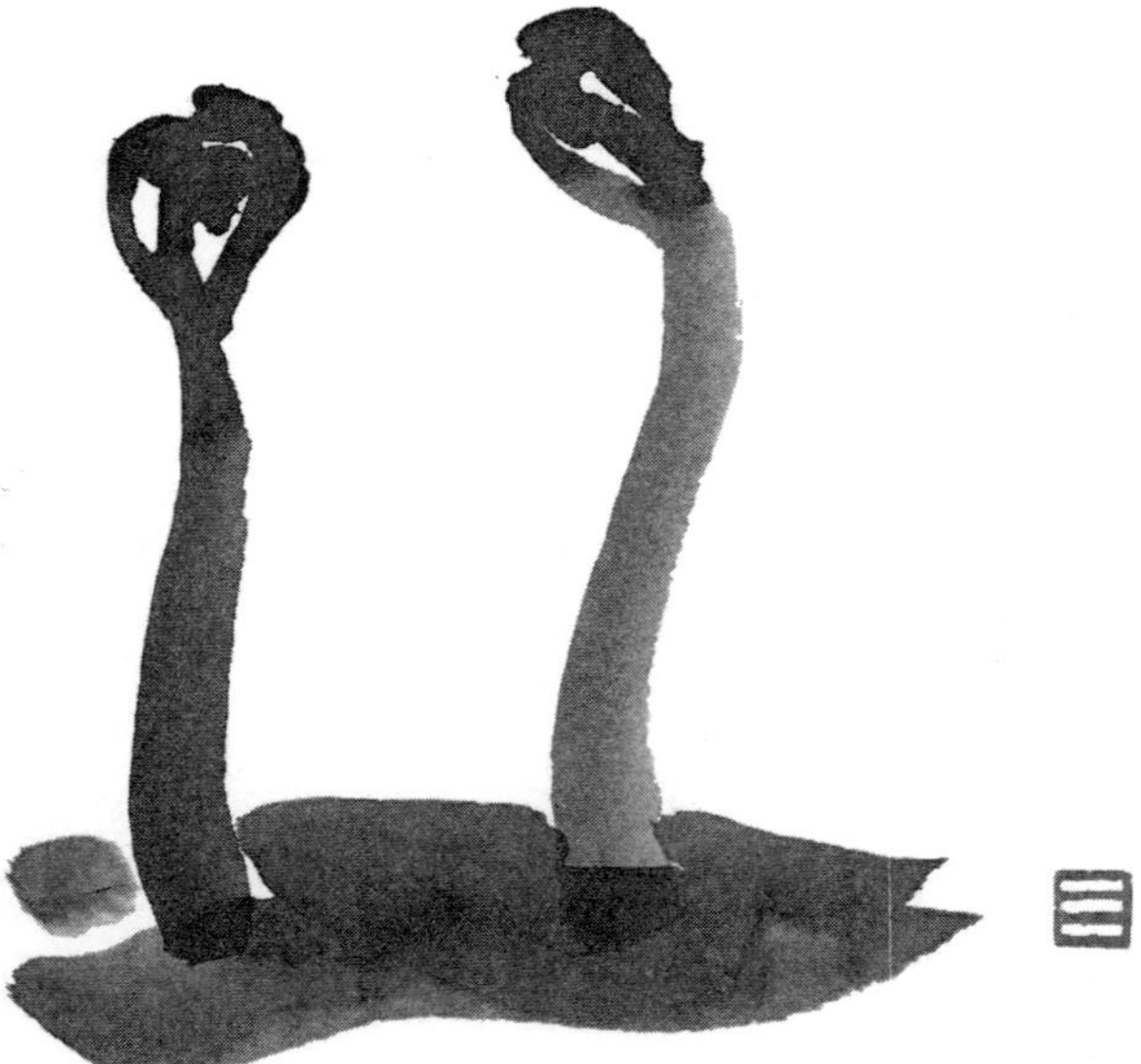

## (二)

リグ・ヴェーダの時代にも、すでに鳥占《うらな》いというものがあった。

鳥占いとは、鳥の鳴き声や止まっている位置などによってその日やその時期の吉凶を占うことだが、現在においても日本人を含む世界中のありとあらゆる民族において、数百数千種類の鳥占いが人々の口から口へと伝えられて、日々にひそかに、ささやかな意味性において行なわれているはずである。

自然がなんらかの意味性を私達に指し示す時、カミはまさしくそこに原初的に出現するのであるが、朝、カラスが鳴いたら人が死ぬという類《たぐい》の鳥占いも、ネガティヴな形においてではあるが、そのカミの出現にほかならない。

「高鳴きしつつおのれが素姓を告げ知らせ、鳥は声を送りだす。漕ぎ手が舟をやるがごとくに。鳥よ、汝は吉兆を示すものなるゆえに、いかなる場合にも決して災難の汝を見舞うことなかれ。」

「鷲が汝を刺し殺すことなかれ、鷹が殺すことなかれ。矢を持つ射手が汝を見いだすことなかれ。祖霊の方角（南方）に高鳴きしつつ、ここに語れ。吉兆を示し、幸《さち》を告ぐる汝は。」

「家の南方に鳴け、鳥よ。吉兆を示し、幸を告ぐる汝は。盗賊のわれらを支配するなかれ。悪舌者のわれらを支配するなかれ。」

「右側を向けて（尊敬の表示）鳥たちは、祭官のごとく褒《ほ》め歌う。鳥たちは時期に従いて語りつつ、歌詠祭官のごとく二種の言葉を語る。ガヤトリー調の歌とトリシュトゥブ調の歌とを、正しく指導す。」

「鳥よ、汝は歌う。歌詠祭官が歌うがごとくに。汝は讃誦す、祈禱者の子がソーマしぼりの時に歌うごとくに。鳥よ、われらのため到るところに幸多きことを語れ。鳥よ、われらのためあらゆるところに麗《うるわ》しきことを語れ。」

㈢

これらの讃歌から、私達は、リグ・ヴェーダを遺した人々にとっての祖先の住む方位が南であることを知り、その方角で特に体の右側をこちらに向けて鳴く鳥が吉兆であったことを知ることができる。長くなるのでここには引用できなかったが、リグ・ヴェーダには不吉な鳥としてハトが歌われており、特にハトが家の中に入ってきて炉の灰に足跡をつけることは死神《ヤマ》の使者として忌み嫌われ、それを追い払う歌が遺されている。

吉兆を讃え、凶兆を排除するのは人間の常だが、吉凶のいずれにせよ、自然現象（今の場合は鳥）の内に意味性を見出すことは人間にとっての根源の性質であり、カミはその意味性とともに誕生してくるのだと言わざるを得ない。

意味性とともにカミが誕生するということは、一見すれば人間がカミを生み出す者であるかのようにも思われる。

事実、科学者達の多くは、「我々はこの一〇〇年をかけて宇宙の誕生からＤＮＡの二重螺旋構造までを発見し続けてきたが、カミないし神はその過程のいずこにおいても発見されなかった」と、冗談《ジョーク》を言っている。

科学者達のこの冗談《ジョーク》は、全く正しい。人格者ないし万能者としてのある神・カミがこの世界を創造し、今もなお創造しつづけていると信じるほどに古典的なアニミズム信仰には、私もまた立ってはいない。

この世界は、物理学の発見がさらに続けば続くほどその一定法則によって成り立っていることが判明し、生物学の発見がさらに続けば続くほど、その一定の法則によって成り立っていることが判明するであろうことは、すでに間違いのない事実である。

私がカミと呼ぶものは、物理学ないし生物学が今も日々にその発見に務めているその法則性そのものなのであり、法則性とは論理化された意味性にほかならない。

カミは、森羅万象の内に、人間を生み出しさえもした諸法則としてすでに存在している。人間がそこに〈意味〉として出遇った時に、そこにカミはカミとして発現するのである。

それゆえに、人間はカミを生み出す者ではない。カミという意味性を発見する生物なのである。

# 牝牛を祝福する歌

㈠

ほぼ六年の年月をかけてゆっくり散索してきたリグ・ヴェーダ讃歌も、この節と次節で終わる。それだけの年月をかけて訪ね歩いても、私が出遇ったリグ・ヴェーダの森の神々はそのほんの一部に過ぎず、森の全体がどれほど奥深く、かつ豊穣であるかを知るためには、興味のある方にご自分の足でそこを歩いていただくほかはない。

これまで繰り返し書いてきたように、リグ・ヴェーダ讃歌は、人類に文字として伝えられた最古のアニミズム文献であり、私のようにアニミズムを人類の再生のための源泉と考える者にとっては、それは文字通りに汲めども尽きぬ思想の泉であり、歩けど歩けど果てることのない宝の森なのである。

その森の中には、牝牛達、または牡牛達というカミが草を食《は》んでいる。

やがて形成されてくるウパニシャッド哲学や、その後に形づくられてくるヒンドゥ教においても、牝牛または牡牛達は重要なカミとしての位置を保ちつづけるが、リグ・ヴェーダ讃歌において牛が占める位置には、ある意味では神々以上のものがある。例えば、全リグ・ヴェーダ中最も多出してくる神インドラについてこう語っている。

「インドラは山にわだかまるアヒ（蛇神）を殺せり。トゥヴァシュトリ（工巧《くぎょう》神）はインドラのために鳴りひびくヴァジュラを造れり。鳴きつつ仔牛のもとに赴く牝牛のごとく、水は流れて、速やかに海に向かって落下せり。」

「インドラは牡牛のごとく振舞いて神酒《ソーマ》を選べり。寛裕なる神は飛道具としてヴァジュラを執りたり。彼は蛇族の初生児なるアヒを殺せり。」

点を附した部分に見られるように、神々の内の帝王なる（それゆえにインドラは仏教に取り入れられて帝釈天となる）インドラの力強い働きを形容するのに、牝牛または牡牛の姿が借用される。

これはインドラに限らず、他の多くの神々にあっても、その神々の力強さや豊かさを形容するものとして、牝牛と牡牛は常套句と言ってよいほどにしばしば登場してくる。牝牛は豊かさの象徴であり、牡牛は力強さの象徴であることが、リグ・ヴェーダ全編を通しての特徴なのである。

（二）

「牝牛たちはここに来たれり。しかして幸《さち》をもたらせり。彼らは牛舎の中に座れ。われらのもとにおいて爽快なれ、仔牛に富み、あまたの様相を呈して、彼らがここにあらんことを。インドラのために朝な朝な乳を搾りださんことを。」

「牝牛たちはバガ（幸運の神）の如く、牝牛たちはインドラの如くわれに見えたり。牝牛たちは、最初の神酒《ソーマ》の一飲みのごとくに見えたり。これらの牝牛は、そは、人々よ、インドラなり。心をもちて、意をもちて、われはインドラを熱望す。」

「牝牛よ、汝らは痩せたる者を肥満ならしむ。醜き者をも美貌ならしむ。汝らは家を幸多からしむ。幸多き声もつものよ、汝らの高大なる活力は、集会において宣示されたり。」

ここに引いた三片の讃歌は、これまではもっぱら形容詞としてのみ登場してきた牛が、直接にカミの位置に座し、カミとして讃えられる、「牝牛を祝福する歌」八片の内から抽出したものである。このほかにリグ・ヴェーダには、「牝牛の安全を祈る歌」四片と「逃亡した牝牛を引き返させるための歌」六片など、直接に牝牛をカミとして讃える歌が収められている。

㈢

このことは、遊牧民族としてインドの大地に流入してきたインドアーリアン人の歴史を抜きにしては考えられないことで、遊牧民族ではない私達日本人にはリアリティーが少々薄い。

牡牛、あるいは牝牛に代わる存在として、では私達が何を持っているかといえば、それは言うまでもなく「稲」であろう。弥生時代以来二〇〇〇年、ひょっとすると三〇〇〇年の時間を持つ日本の国家的な歴史において、「稲」が変わることなくカミの位置を保ち続けてきたことは、すでに早くから日本の民俗学において証明されてきたことである。

昨今は、世界貿易の日常化と貨幣のカミ化によって、稲をカミとすることも牝牛をカミとすることも希薄化してはきたが、日本の各地においても、またインドの各地においても、稲と牝牛（牡牛も）がそれぞれにカミである名残はまだ色濃く残されている。

私達は、ヘッジファンドや証券会社システム、銀行システムにおいて典型的に見られるような貨幣をカミとする社会に生きていて、もはやそこから逃れることなどできないのだけれども、この人工のカミは、人工であるゆえの根本的な危うさを常に持ちつづけており、それゆえに、常に実物としての自然物に裏打ちされていなくてはならない。

有態《ありてい》にいって、私も貨幣がカミであることを否定しないが、このカミは大いに危うくもあるカミであることは否めない。現代世界のゆがみがそこに深く起因していることを思えば、かつてそれに代わる真正のカミであった牝牛や稲をもう一度評価し直し、その本来の価値の場に置き直すことが必要であろう。

人類に最も直接的に恵み深いものは、稲であり牝牛であり、小麦でありトウモロコシであり、馬であり羊でもある。それらのカミガミが単なるモノに置換され、代わって貨幣がカミとなったことに、現代の不安と貧しさの一端は起因する。アニミズムは、貨幣をカミとする人類が地球の主人公ではなく、その一員に過ぎないものであることを正確に伝える、古くて新しい普遍思想なのである。

# 和合のための歌

㈠

今は庭木の金木犀の花が満開である。

例年であれば一〇月の初めに咲くのに、今年は夏が長かったせいか、つぼみが付くのが遅れに遅れて、下旬に入ってからやっとつぶつぶのつぼみが枝に付きはじめた。

金木犀は、つぼみがくると花になるのは早い。一〇月二五日の夕方であったか、特有の甘い香りがただよっているなと思ったら、次の日からいっせいにこぼれるような金色の花を咲かせはじめた。

開花が遅れた分だけ、満を持したというべきか、その花の量はかつてないほど濃密で、あたりには狂おしいほどの香りが満ちあふれている。

木の下に立てば、ただそれだけで私は存分に幸福になり、年に一度、せいぜい五日間か一週間の短い花期を、その花との和合において過ごす。

（二）

現存するリグ・ヴェーダ讃歌の最後の歌は、「和合のための歌」である。

リグ・ヴェーダ全一〇巻、一〇二八の讃歌からなるこの書の終わりに「和合」という、事物ではないカミが置かれてあることに、私は特別に感心する。ブラフマン（祈禱）やヴァーチュ（言葉）という、人間性に起因する概念を、すでに見てきたようにリグ・ヴェーダ讃歌はカミないし神として讃えてきたのだから、「和合」という概念がカミとして置かれてあること自体には特別に驚くことはないが、さまざまに存在する人間性の中から、敢えて「和合」という状態概念を取り上げて最後のカミとしたことに、改めて、紀元前一三世紀もの古代におけるヒンドゥ民族の思考の深さがうかがえるからである。

「和合して行け、和合して語れ。汝らの意《こころ》は和合せよ。太古の神々が和合して供物の配分に立ち会いしごとくに。」

「勧告は一致してあれ、会合は一致してあれ。思考は一致してあれ、彼らの心は一致してあれ。共同の聖語を、われ汝らに唱う。共同の供物を、われ汝らに捧ぐ。」

「汝らの意向は一致してあれ。汝らの心は一致してあれ。汝らの思考は一致してあれ、いみじき和合が汝らにあらんがために。」

金木犀の花というカミの下で、その花と和合して短い花期を過ごすことは誰にでもできるが、「他者」という人間として現われているカミと和合して生きていくことは、太古の時よりなまやさしいことではなかった。

㈢

この最後の讃歌を注意深く読むと、「汝ら」と呼びかけられているものは、私達自身の意《こころ》であると共に、私達を超えて「彼ら」とも呼ばれる、超越的かつ理念的な和合神であったことが分かる。

紀元前一六世紀のころにインド西北部のパンジャーブ地方へ浸入してきて、インド原住民の支配と混血とをくりかえし、やがてヒンドゥ民族となった「リグ・ヴェーダ讃歌」の制作者たちを始めとして、人類の歴史は絶えることのない闘争と戦争の歴史だったのだが、それだからといって、この最後に祀《まつ》られた「和合神」が無意味であることにはならない。

私達の歴史が、現在においてもなお闘争と戦争の歴史であればあるほど、理念としての和合神は、私達一人ひとりの内部においてと同様に、私達を超えた共通の理念として、深く高く讃えられなくてはなるまい。

この連載でも何度かご紹介してきた、神奈川県の足柄山に住まれた野の哲学者和田重正先生は、全集（柏樹社刊）のほかに日めくりの万年カレンダーを遺されたのだが、そのカレンダーの二五日には、「みんなでたのしく」と平仮名でしたためられている。

日めくりをめくって毎月二五日になると、「みんなでたのしく」の日となるのである。

その日になると、なぜか私の身辺では家族内を含めて人間関係のトラブルが起こり、実はその二五日になると、また何かのトラブルが私自身が原因で起こるのではないかと、少々憂うつでさえある。つまり、みんなでたのしく、という理念が大切であればあるほどその逆の現実が見えてしまって、悪しき現実へと気持が向いてしまうようなのである。

「みんなでたのしく」という和合神は、私個人のリアリティーにおいてもそのようにもろい性質のカミであり、なんの現実的な力も発揮できないカミのようでさえあるが、ではそんなものは取り払ってしまえばよいかということになれば、そうはいかない。

私達の暮らしが闘争や戦争に満ちていればいるほど、「みんなでたのしく」という究極の理念は、深く高く私達の内にかかげられなくてはならない。自我というエゴイズムは、やはり常に殺されなくてはならないのである。

日本国憲法の第九条は、同様に、個人を超えた国家の理念を深く高くかかげた条文として、時には、少々の憂うつを私たちにもたらすかもしれないが、引きつづき必ずや大切にされなくてはならないと、私は思っている。

ほぼ六年間、七一回にわたる「リグ・ヴェーダ讃歌」の森の散策を終えるにあたって、「和合神」というカミを引用できることは幸いである。人類の普遍のカミは、やはり闘争でも戦争でもなく、和合にほかならない。それゆえに私は、日本国憲法第九条を改廃するのではなく、逆にそれを世界憲法の条文とする会を個人的に発足させたいと思う。会則などはいっさいなく、それを世界憲法の条文にしようと思う人は、そう思った瞬間から会員であり、その会の主催者でもあるだろう。

## あとがき

『リグ・ヴェーダ讃歌』と呼ばれる森は、人類史上の最古の文献の森のひとつであるにもかかわらず、一般的にはほとんど知られていない。摩訶不思議の森ということができるだろう。

これほどに各種の情報が行きわたる社会にあって、古代インドの最深奥に『リグ・ヴェーダ讃歌』と呼ばれる文献の宝の森が確固として存在することが知られないのは、私の感覚からすれば、日本の知識人達と学術出版界を支える人々の知的貧困と、相も変わらぬ欧米志向をまさしく象徴しているできごとのように思われる。

このような悪口は別において、すでにこの本を読み終えられた読者には、『リグ・ヴェーダ讃歌』という森が、どれほどの豊穣を秘めた宝の森であるかということは、ほんの入口ながらも充分にお分かりいただけたことと思う。

本文中にも記したように、私がこの本に引用したのは、森全体の千分の一にも満たない微々たる部分であり、その森の全体に分け入るならば、人は古人達のこの宇宙の森羅万象を讃える叡知という、汲めども尽きることのない泉と大樹に、到るところで出会わぬわけにはいかないだろう。

しかしながら、まことに残念なことに、日本中のすべての書店や図書館を探したとしても、『リグ・ヴェーダ讃歌』の全訳本を見つけ出すことはできない。かろうじて私がこの本のテキストとした、辻直四郎訳の岩波文庫版が、抄訳としてそのさわりの部分を伝えてくれるだけである。

私としては、直接にはお会いしたことのない辻直四郎先生が、このような稀有な訳出の仕事をされたことに心からの敬意を抱くけれども、この本の引用でお読みになった読者にはすでにお分かりのように、その訳文は現在となってはあまりにも古文調である。韻文の訳といえば古文調という半世紀前の常識がそのまま踏襲されていて、時には読み進めていくことに苦痛をさえ感じた。そこで、あまりにも苦痛な場合には、私の判断において若干ではあるがその文体を修正して、少しでも読みやすくする方法を選んだ。

私としては、辻直四郎先生という稀有な宝の森の伝達者に心から感謝するとともに、一日も早く、一年も早く、若いサンスクリット哲学者か文学者が、現代文において新たな『リグ・ヴェーダ讃歌』の全訳に取り組み、それを支えて積極的に出版する出版社が現われることを望まずにはおられない。

次にこの本の内容についてであるが、これは『天竺南蛮情報』（東京ジューキ食品㈱ダージリン会刊）という月刊の小冊子に、一九九四年二月号から一九九九年の十二月号までの、じつに五年十一カ月間にわたって連載させていただいたものを一冊にまとめたものである。

それ以前の数年間は、私は同誌に同じく古代インド哲学文献としてのウパニシャッドをテキストとして連載させていただいたのだが、そちらの方は筑摩書房から『屋久島のウパニシャッド』と題して、すでに出版されている。

ウパニシャッドという、現代にも充分に普遍化され得る哲学的、宗教的課題の森を歩き終えた上で、さて次にはどんな森に歩み入ろうかと考えた私は、ためらうことなくそのまま真直ぐに、その地続きの、さらに古層の森であるリグ・ヴェーダ讃歌へと踏み入ってきた。

この森は、すでにこの本を読了された方にはお分かりのように、この宇宙の森羅万象のカミガミを讃えた讃歌集であって、一般的な意味における哲学書でもなければ宗教書でさえもない。太陽や水、季節や大地や心の在りようなどまでもが、カミガミとして讃えられているだけの、素朴といえば素朴、単純といえば単純きわまりない人間性の確認と発掘が行なわれている世界である。

そうであるにもかかわらず、この森に踏みこんだ者は、そこからもう二度と出たくないという気持に駆られてしまう。この森にあっては、アニミズムという人間性の中核に存在する存在様式が、息吹となって、泉となって、到るところから噴き出し、溢れ出してくるからである。

アニミズムについては様々な現代的解釈や立場があって、私は昨年、『アニミズムという希望——琉球大学の五日間——』（野草社刊・新泉社発売）という本と、『カミを詠んだ一茶の俳句——希望としてのアニミズム——』（地湧社刊）の二冊を前後して上梓したが、このあとがきを記している現時点にあっては、

もしこの世に
本当の祝福
というものが
あるとすれば

いま
私の
見ているものが
それだ

ローリー・リー　「春のはじまり」より

という詩が示している内容こそが、現代と古代とを問わぬアニミズムの骨髄であると感じている。そしてそれは、当然のことながらその内にすでに深い哲学と宗教を含んでいると同時に、現代の火急のテーマである環境問題の解決にも、根本的な影響を与えるゆえに、まさしく今においてこそなお一層真正面から考えられるべき事柄であると考える。この本のサブタイトルに、敢えて——アニミズムの深化のために——と掲げたのは、そのような理由によってのことである。

この本の成立においては、先ず長年の連載を支えてくださった『天竺南蛮情報』誌の山岡昭男編集長に、心からのお礼を申し上げねばならない。

ついで挿画を提供してくれた屋久島の友人、長井三郎さんに、長年の連載への挿画提供をも含めて、お礼を申し上げる。

装丁をしてくれた羽倉久美子さんにも、長年の友情を含めて、お礼を申し上げる。

そして最後に、この本を直接編集してくださった野草社の竹内将彦さんと石垣雅設さんに、これからの出版事業という大切な希望を含めて、心からお礼を申し上げる次第である。野草社からは、未知ではあるが大切な分野であるアニミズムという立場から、二冊連続して新しい本を出していただくことになった。著者の意が読者に伝わり、支持をされて、出版社共々に新しい文化の地平が伐り開かれていくことを願わずにはいられない。

山尾三省

二〇〇一年三月

## 山尾三省《やまお・さんせい》

一九三八年　東京に生まれる
一九六〇年　早稲田大学文学部西洋哲学科中退
一九六七年　「部族」に参加
一九七三年　一年間インド・ネパール巡礼
一九七五年　長本兄弟商会の設立に参加
一九七七年　家族と共に屋久島に移住

著　書
『聖老人——百姓・詩人・信仰者として』野草社
『狭い道——子供達に与える詩』野草社
『野の道——宮沢賢治随想』野草社
『びろう葉帽子の下で』野草社
『島の日々』野草社
『アニミズムという希望』野草社
『聖なる地球のつどいかな』ゲーリー・スナイダーとの対談　山と溪谷社
『ここで暮らす楽しみ』山と溪谷社
『縄文杉の木蔭にて』新宿書房
『回帰する月々の記』新宿書房
『法華経の森を歩く』水書房
『一切経山——日々の風景』溪声社
『新月』くだかけ社
『三光鳥』くだかけ社
『親和力』くだかけ社
『森の家から』草光舎
『屋久島のウパニシャッド』筑摩書房
『カミを詠んだ一茶の俳句』地湧社
『瑠璃色の森に棲む鳥について』立松和平との対談　文芸社　ほか

訳　書
『ラマナ・マハリシの教え』めるくまーる社　ほか

リグ・ヴェーダの智慧――アニミズムの深化のために

発行日――二〇〇一年七月七日・第一版第一刷

著者――山尾三省

発行者――石垣雅設

発行所――野草社

東京都文京区本郷二―五―一二　ＴＥＬ　〇三（三八一五）一七〇一

ＦＡＸ　〇三（三八一五）一四二二

発売元――新泉社

東京都文京区本郷二―五―一二　ＴＥＬ　〇三（三八一五）一六六二

ＦＡＸ　〇三（三八一五）一四二二

挿画――長井三郎

ブックデザイン――羽倉久美子＋新谷雅宣

印刷――太平印刷社

製本――榎本製本

ISBN4-7877-0180-0　C0010

## 新しい千年への希望

## 野草社の単行本

山尾三省詩集

### びろう葉帽子の下で

四六判上製／368頁／2500円

「歌のまこと」「地霊」「水が流れている」「縄文の火」「びろう葉帽子の下で」と名付けられた、全5部252篇の言霊は、この「生命の危機」の時代に生きる私達の精神の根を揺り動かさずにはいない。詩人の魂は私達の原初の魂であり、詩人のうたは私達の母の声なのだ。

山尾三省

### 聖老人 百姓・詩人・信仰者として

四六判上製／400頁／2500円

1981年秋、『聖老人』と題された1冊の本が出版された。〈部族〉での活動、インド・ネパールへの巡礼、無農薬の八百屋、そして屋久島での新たな生活を書き綴ったこの本は、人々の心へ深く静かに沁みていった。久しく入手不可能だった著者の代表作、待望の復刊。

山尾三省

### 狭い道 子供達に与える詩

四六判並製／280頁／1700円

樹齢7200年の縄文杉〈聖老人〉の神聖な霊気に抱かれて、百姓・詩人・信仰者としてもうひとつの道を生きる著者が、同時代に生きる私達、そして次に来る子供達に、人生の真実を語る。ここには〈自己〉という光と深く出会った、原郷の詩人の平和への願いがある。

山尾三省

### 野の道 宮沢賢治随想

四六判並製／240頁／1600円

「野の道を歩くということは、野の道を歩くという憧れや幻想が消えてしまって、その後にくる淋しさや苦さとともになおも歩きつづけることなのだと思う……」賢治の生きた道と著者自身の生きる道を、重ねあわせ響きあわせるなかで、賢治が生き生きと現代に蘇る。

山尾三省

### 島の日々

四六判上製／296頁／2000円

1981年3月発行の『80年代』第8号から掲載された「島の日々」は、水と緑の島、屋久島の暮らしのなかで見えてきたことを書き綴りながら、雑誌の終刊と共に10年39回の連載を終えた。その全文をまとめた本書は、80年代というひとつの時代を語る貴重な記録である。

山尾三省

### アニミズムという希望

講演録●琉球大学の五日間

四六判上製／400頁／2500円

1999年夏、屋久島の森に住む詩人が琉球大学で集中講義を行なった。「土というカミ」「水というカミ」……、詩人の言葉によって再び生命を与えられた新しいアニミズムは、自然から離れてしまった私達が時代を切りひらいてゆく思想であり、宗教であり、感性である。

川口由一

### 妙なる畑に立ちて

A5判上製／328頁／2800円

耕さず、肥料は施さず、農薬除草剤は用いず、草も虫も敵としない、生命の営みに任せた農のあり方を、写真と文章で紹介。この田畑からの語りかけは、農業にたずさわる人はもちろん、他のあらゆる分野に生きる人々に、大いなる〈気づき〉と〈安心〉をもたらすだろう。